AI와 해커

인공지능총서

인공지능 시대입니다. 기계가 인간의 인지를 대신하고, 사물이 인간을 통하지 않고 다른 사물과 직접 커뮤니케이션합니다. 이에 따른 인간 삶과 문명 변화를 정확히 이해·예측·대응하는 것은 이 시대 우리 모두의 과제입니다. 인공지능총서는 인공지능 기술과 환경의 여러 주제를 10가지 키워드로 정리합니다. 관련 개념과 이론, 학계와 산업계의 쟁점, 우리 일상의 변화를 다룹니다. 인간과 기술의 현재, 미래를 세심히 분석합니다.

일러두기

- 인명, 작품명, 저서명, 개념어 등은 한글과 함께 괄호 안에 해당 국가의 원어를 병기했습니다.
- 외래어 표기는 현행 어문규정의 외래어표기법을 따랐습니다. 다만 '딥러닝', '딥마인드', '딥페이크' 등은 관행을 따랐습니다.
- 필자가 지금까지 AI와 해킹과 관련해서 수행하였던 여러 연구 내용들을 시의성 있게 발전시켜 반영했습니다.

AI와 해커

이원상

대한민국, 서울, 커뮤니케이션북스, 2025

AI와 해커

지은이 이원상
펴낸이 박영률

초판 1쇄 펴낸날 2025년 1월 16일

커뮤니케이션북스(주)
출판 등록 2007년 8월 17일 제313-2007-000166호
02880 서울시 성북구 성북로 5-11
전화(02) 7474 001, 팩스(02) 736 5047
commbooks@commbooks.com
www.commbooks.com

ISBN 979-11-7307-416-5 03500

책값은 뒤표지에 표시되어 있습니다.

차례

미래 해커가 온다

인터넷으로 연결되다

1980년대 후반에서 1990년대 후반까지가 컴퓨터와 PC 통신의 시대였다면, 1990년대 후반부터는 초고속 인터넷 시대가 개막하였다. 1999년에 정부는 4년간 총 28조 원을 투입하여 정보 인프라를 구축하고, 100만 개의 일자리를 창출하는 '사이버 코리아 21'을 추진하였다. 그런 맥락에서 1999년 4월 1일, SK브로드밴드(구 하나로통신)가 기존 구리 전화선을 이용하여 '비대칭 디지털 가입자 회선(ADSL)' 방식의 초고속 인터넷 서비스를 출시하면서 초당 128킬로바이트에 불과하던 인터넷 속도를 초당 8메가바이트로 63배 정도 향상했다. 그리고 새 밀레니엄 시대가 열리고, 2002년부터는 '초고속 디지털 가입자 회선(VDSL)'으로 진화하면서 인터넷은 더욱 빨라졌다. 본격적인 인터넷 시대가 열린 것이다. 그 이전에 컴퓨터는 주로 빠른 전자계산기에 불과했지만, 세계의 컴퓨터들과 연결되면서 사이버 공간의 구성 요소인 '정보통신 시스템'으로 업그레이드되었다.

이 시기 한국의 사이버 공간에는 크게 세 가지 문화 현상이 나타났다. 첫째로, '포털(Potal) 문화'가 생겨났다. 현재 전 세계에서 포털 문화가 존재하는 대표적인 곳이 한국(네이버, 다음 등), 일본(야후 재팬 등), 중국(바이두, 소고 등) 등이다. 1998년 12월에 다음(Daum)이, 1999년 6월에 네이버(Naver)가 서비스를 시작하면서 한국의 토종 포털 문화가 시작하였다. 포털은 정보 검색을 쉽게 할 수 있도록 하였고, 전자상거래, 이메일, 채팅, 엔터테인먼트 등 사이버 공간에서 할 수 있는 모든 활동에 대한 서비스를 원스톱으로 제공해 준다. 또한 포털의 네티즌(Netizen)들이 콘텐츠 등에 자신의 의견을 반영하는 댓글을 달면서 댓글 문화도 만들어지기 시작하였다. 둘째로, 1999년 5월에 다음 카페가 문을 열면서 '인터넷 카페(cafe) 문화'가 시작하였다. 인터넷 카페는 관심사나 취미가 비슷하거나 특정한 목적에 관심 있는 사람들이 서로 정보를 교환하고, 친목을 다지는 공간이다. 다양한 유형의 카페들이 우후죽순 만들어지기 시작하였고, 회원 수가 수백만에 이르는 카페는 강력한 사회적 영향력을 발휘하기도 하였다. 셋째로, 본격적인 토종 '소셜 네트워크 서비스(SNS)'가 태동하였다. 1999년 9월 마이크로 블로그 서비스를 제공하는 싸이월드(Cyworld), 1999년 10

월 학창 시절 추억을 함께하는 학교 선후배 모임인 '아이러브스쿨(ILoveSchool)'이 서비스를 시작했다. 세계적으로는 1985년 커뮤니티 서비스인 더웰(The Well)이 최초의 SNS라고 할 수 있고, PC 통신 시절 하이텔(Hitel)이나 천리안(Chollian), 나우누리(Naunuri) 등이 SNS의 원형이라고 할 수 있을 것이다. 하지만 인터넷 환경에서는 2004년 서비스를 시작한 페이스북(Facebook), 2006년에 시작한 트위터(Twitter, 현재는 X) 등 세계적인 SNS보다 먼저 한국에서 SNS 문화가 시작한 것이다. 이와 같은 한국의 사이버 공간 역사가 의미 있는 이유는 마이크로소프트(Microsoft), 메타(Meta), 구글(Google) 등 다국적 기업이 전 세계 사이버 공간을 지배하고 있지만, 한국은 사이버 역사의 유산으로 인해 여전히 독창적인 사이버 문화를 유지하기 때문이다. MZ 세대는 역사책으로 볼 법한 이야기지만, X세대인 필자는 어렸을 적부터 직접 경험하였던 한국 사이버 공간 독립의 역사다.

AI 시대로 넘어가다

1980년에 앨빈 토플러(Alvin Toffler)는 저서 『제3의 물결』에서 첫 번째 물결인 농경 사회, 두 번째 물결인 산업사회를 넘어 세 번째 물결인 정보화 사회가 도래할 것이라고 주장했다. 그 후 컴퓨터 기술과 통신 기술이 계속해서 발달하면서 대중화되었고, 1990년대 들면서 우리 사회는 명실상부 정보화 사회로 발돋움하게 되었다. 우리 사회는 정보화 시대에 진입 후 예상보다 빠르게 발전하고 있다. 새로운 정보 통신 관련 기술이 폭발적으로 발전하며 빠른 속도로 대중화되기 때문이다. 이런 현상을 반영해서 최근에는 우리 사회가 '4차 산업 혁명(Fourth Industrial Revolution)' 시대를 맞았다고 일컫기도 한다. 개인용 컴퓨터를 넘어 모든 개인이 개인용 단말기인 스마트폰을 보유하고 있다. 사람과 사람, 사람과 사물, 사물과 사물이 연결되어 있는 초거대 연결 사회다. 모든 정보가 디지털화되어 사이버 공간에 저장되고, 저장된 거대한 빅데이터(big data)는 집단 지식을 이루며 거대한 지식 유전(油田)이 되는 사회다. 그에 더하여 이제는 '인공지능(artificial intelligence, AI)'이 탄생하여 다시금 새로운 변화를 만들어 내고 있다. 특히 최근 몇 년 동안 AI는 정보화 사회 곳곳에 반영되어 거대한 인공두뇌 역할을 하고 있다. 그런데 역설적으로 정보화 사회와 함께 사이버 범죄도 무럭무럭 자라나기 시작했다. 사이버 범죄 가운데 대표적인 것이 해킹이다. 해커들은 이전에도 위협적이었지만, 이제는 그들이 AI를 활용하거나 AI 자체를 공격 대상으로 삼으면서 사회적 위험은 더욱 커졌다. 문제는 정보 통신 기술 발전과 함께 그 활용 기술도 발전해 가면서 어느 순간부터 문화, 규범, 윤리, 교육 등 우리 사회 체계가 발전을 좇아가기가 어렵게 되었다는 것이다. 그래서 이 글에서는 4차 산업 혁명의 상징인 AI와 사이버 공간의 상징인 해커에 대해 살펴봄으로써 우리가 살고 있는 지금의 세상을 이해해 보고자 한다.

이 책의 구성

이 책은 다음과 같이 10개 부분으로 구성되었다. 첫째로, 해킹의 의미(01)에 대해 이야기하고, 사이버 공간의 규제 요소(02)와 범죄로서 해킹(03)에 대해 알아볼 것이다. 해킹 범죄와 관련해서는 현행 법률을 주요 내용을 다룰 것이다. 그렇게 해킹 범죄를 이해하였다면, 그 후에는 AI를 이해해야 한다. AI에 대한 개괄적인 이해를 위해 우선 AI의 발전 과정과 방향(04)에 대해 알아볼 것이다. 그리고 AI와 해킹의 새로운 범죄 문제들을 고찰해 볼 것이다. 그를 위해 AI 시대의 해킹 위협(05) 유형들을 살펴보고, '해커들의 놀이터: 다크넷(06)'에서는 해킹의 하위문화가 발달하고 있는 곳인 다크넷을 알아볼 것이다. 그리고 그와 연계해서 '흑화한 AI: 다크 AI(07)'에서는 AI가 해킹 수단으로 활용되는 상황을 살펴볼 것이다. 그러고 나면 해킹에 대한 대응 방안과 미래를 예측해 볼 필요가 있다. 그를 위해 '해킹 방어 체계와 화이트 해커(08)'에서는 한국의 해킹 방어 체계와 해킹 범죄에 대응하는 해커인 화이트 해커에 대해 알아보고, 'AI의 물질화(Incarnation)와 해킹(09)'에서는 4차 산업 혁명 시대에 AI가 물질화되는 현상과 그로 인해 해킹이 현실 세계에 어떤 위협이 될 수 있는지 고찰해 볼 것이다. 그리고 마지막에는 'AI와 해킹의 미래(10)'에서는 해킹 범죄의 미래를 예측해 볼 것이다. 이 책이 독자들의 지혜에 한 조각이라도 이바지하기를 소망한다.

참고문헌

국정신문(1999.3.8). ['사이버 코리아 21' 추진]100만 새 일자리 만든다. 대한민국 정책브리핑, https://www.korea.kr/news/policyNewsView.do?newsId=148749534

권용민(2014.8.24). SNS의 무한 진화…그 시작은 1988년. ≪아시아경제≫, https://www.asiae.co.kr/article/2014082310582925545

김용석(2009.9.22). ADSL방식 초고속인터넷 10주년 맞아. ≪동아일보≫, https://m.dongascience.com/news.php?idx=-75282

앨빈 토플러(2002). 『제3의 물결』. 한국경제신문사(한경비피).

01
해킹의 의미

본래 핵(Hack)은 "컴퓨터 작업 간 느끼는 순수한 즐거움"이라는 중립적 개념이었다. 그러나 해킹이 범죄 수단으로 활용되면서 블랙 해커, 크래커를 의미하는 부정적인 개념이 되었다. 해킹 기법은 계속해서 발전하고, 수많은 해킹 사건이 사회적으로 큰 위험을 발생시켜 왔다. 그래서 형법 분야에서도 해킹 범죄에 대한 관심이 높아지게 되었고, 해킹 범죄에 대응하기 위한 법률 작업을 심화하고 있다.

해킹과 해커의 일반적인 이해

해킹이라는 말은 1950년대 말 미국 매사추세츠공과대학(MIT)의 '핵(Hack)'이라는 동아리 모임에서 처음으로 사용되었으며, "컴퓨터 작업 간 느끼는 순수한 즐거움"이라는 뜻이었다고 한다. 그리고 해커는 "컴퓨터 네트워크 보완 취약점을 찾아내어 그 문제를 해결하고 이를 악의적으로 이용하는 것을 방지하는 행위"를 하는 사람들로 인식되었다. 하지만 언론 등에서 보안망을 악의적으로 침투하여 문제를 일으키는 부정적인 사례들에 대해 해킹이라는 표현을 사용하면서 악의적으로 정보통신망에 침입하는 사람들을 해커라고 지칭하기 시작하였다. 본래 해커나 해킹은 중립적 의미였지만, 지금은 주로 부정적인 의미로 사용된다. 그래서 악의적인 해커를 '블랙 해커' 또는 '크래커'라고 표현하기도 한다.

길버트 아라베디언(Gilbert Alaverdian)에 따르면 해커는 프로그래밍 능력, 네트워크 이해도, 시스템의 취약점 분석 능력을 기준으로 크게 다섯 단계로 구분된다. 첫째, 레이머(Lamer)는 경험도 부족하고, 기술도 없어서 해킹 툴(Tool)만을 활용하여 해킹하는 기초적인 단계다. 둘째, 스크립트 키드(Script Kid)는 네트워크와 운영체제에 대한 지식이 다소 있고, 해킹 툴을 조금 더 잘 활용하는 단계다. 셋째, 디벨럽트 키드(Developed Kid)는 해킹 기법에 지식도 많고 이제까지 알려진 시스템 취약점을 이용하지만, 해킹 코드 능력은 다소 부족한 단계다. 넷째로, 세미 엘리트(Semi Elite)는 컴퓨터, 운영 체제 및 그 취약점에 대한 폭넓은 지식이 있고, 해킹 코드도 작성하여 해킹하는 단계다. 그리고 다섯째, 엘리트(Elite)는 컴퓨터, 네트워크, 프로그래밍, 운영 체제 등에 대한 최고의 지식이 있으며, 취약점 분석과 해결책도 개발할 수 있고, 해킹 후 흔적도 남기지 않는 단계다. 모든 해커가 꿈꾸는 '위저드 등급'이다.

해킹 기법의 변화와 해킹 사건들

해킹은 네트워크 중간에서 데이터를 가로채는 방법[패킷 스니핑(packet sniffing)], 컴퓨터 시스템의 데이터를 불법 수정하는 방법(SQL, 인젝션), 정보통신망 서비스를 방해하는 방법[디도스(DDos)], 대상 컴퓨터를 제어하는 방법[백도어(backdoor), 루트킷(rootkit)] 등 다양한 방법이 있다. 해커는 정보통신망 보안을 뚫고 침투하여 자신이 직접 데이터를 제어하기도 하지만, 악성 프로그램을 통해 자동으로 정보를 탈취하거나 분산 서비스 공격을 하기도 한다. 악성 프로그램은 해커가 언제든 컴퓨터 시스템에 접속할 수 있도록 해 주는 트랩도어(Trapdoor)나 백도어(Backdoor), 특정 조건이 충족되면 특정한 동작을 하는 논리 폭탄(Logic Bomb), 파일을 검색하여 자신의 코드를 삽입하는 바이러스(Virus) 등 호스트 의존형과 자가 복제를 하는 웜(Worm), 인터넷에 연결된 컴퓨터 시스템을 감염시켜 공격하도록 하는 좀비(Zombie) 등의 호스트 독립형이 있다.

시대별로 해커들의 주요 공격 수단을 살펴보면, 1980년대에는 사용자 패스워드 추측, 웜, 패스워드 크래킹, 백도어 등이 사용되었고, 1990년대에는 스니핑, 세션 하이재킹, 스푸핑, CGI 공격, 버퍼 오버플로 공격, 트로이 목마, 서비스 거부 공격 등이 매우 다양한 해킹 기법들이 등장하였다. 2000년대에는 분산 서비스 거부 공격, 분산 반사 서비스 거부 공격, 웹 해킹 등이 많이 활용되었으며, 최근에는 랜섬웨어(ransomware), 지능형 지속적 위협(APT), DBD(Drive by Download), 스피어피싱, 파밍, 워터링 홀(Watering Hole) 등이 사용된다. 그중 랜섬웨어는 바이러스의 일종으로 피해자 컴퓨터의 주요 데이터를 암호화하여 사용 불가능하게 만든 후 복호화 키(key)나 복구 명목으로 금전을 요구하는 방식이다.

본격적인 정보화 사회로 진입한 2000년대 이후 해킹

사건들은 막대한 피해를 일으켰다. 국내에서는 2003년 MS-SQL이 공격당하면서 '1.25 대란'이 발생했다. 국내 컴퓨터 서버의 10%인 8800여 개가 공격당하면서 7시간 동안 전국의 인터넷이 끊어졌다. 2009년 7월 7일에는 2만3천 대의 개인용 PC가 좀비피시로 감염되면서 청와대, 국회 등 11개 주요 사이트를 공격하였고, 그 결과 500억이 넘는 피해가 발생한 것으로 추산되었다. 2011년 3월 3일에는 디도스 공격으로 인해 국내 주요 정부 기관, 포털, 은행 사이트 등이 마비되었고, 같은 해 4월에는 농협 전산망 서버가 공격당하여 인터넷 뱅킹 서비스가 중단되기도 하였다. 2013년 3월 20일에는 지능형 APT 공격이 사용되면서 한국의 주요 언론과 은행, 기업 등의 전산망이 마비되었고, 3만2천여 대의 시스템이 악성코드에 감염되었다. 정보화 사회가 발전하고 사이버 경제가 활성화되면서 해킹 기술도 점차 교묘해지고, 그 피해 규모도 커지고 있다.

학문적 차원에서 해킹의 이해

형법 분야에서 해킹은 '정보 통신 체계와 관련되는 일체의 일탈 행위를 의미하는 집합 개념(Sammelbegriff)'으로 이해된다. 따라서 해킹 범죄에 대한 형법 분야의 고찰은 상당히 광범위한 사이버 범죄를 포함한다. 한국의 해킹 범죄 개념은 1990년대 후반에서 2000년대 초반 문헌에 주로 나타난다. 그에 따르면 해킹은 기본적으로 "타인의 컴퓨터 시스템에 무단으로 침입하여 수록된 정보를 빼내거나 시스템을 파괴하는 행위", "컴퓨터를 이용하여 다른 사람의 정보 처리 장치 또는 정보 처리 조직에 침입하거나 기술적인 방법으로 다른 사람의 정보 처리 장치가 수행하는 기능이나 전자 기록에 함부로 간섭하는 일체의 행위", "비인가자에 의한 컴퓨터의 부당한 사용, 자료의 불법적인 열람, 유출, 변조, 삭제 및 컴퓨터 시스템의 정상적인 동작과 서비스를 방해하는 컴퓨터 범죄 행위", "전산망이나 컴퓨터 시스템의 보호 장치나 안전장치를 기술적 수단을 이용하여 훼손하고 비밀번호의 해독 프로그램 등을 이용하여 무단 접속하여 권한 없이 시스템에 수록된 정보를 탐지하는 행위로서 전산망의 보호 조치를 침해하고 단순히 데이터를 탐지하는 것 이외에는 별도의 침해적인 행위를 하지 않는 경우" 등으로 이해되었다. 그에 반해 해킹을 침입 전 행위와 침입 후 행위로 구분하여 침입 전의 행위만을 해킹으로 보기도 하였다. 그러다 최근에는 "권한 없이 타인의 컴퓨터 시스템에 접근하여 그곳에 저장된 프로그램이나 데이터를 해커의 모니터에 불러내어 보는 것", "컴퓨터 등 정보처리장치를 이용하여 정당한 접근 권한이 없는 자 또는 접근 권한이 있는 자가 그 권한을 남용하여 정보통신망에 침입하는 행위"라고 하며 단순 해킹 개념까지도 해킹 범죄 개념에 포함한다. 이는 해킹 범죄의 효과적인 초기 대응을 위해서 가벌성 범위를 넓힌 것이다.

법률에서 해킹 범죄는 세 가지 구성 요소가 필요하다. 첫째로, 범죄 목적이 있어야 한다. 해킹이 범죄 에너지를 담고 있는 기본적인 이유는 해킹이 고의 외에도 그 행위를 통해서 경제적 이익이나 사회 체계의 마비를 원하는 추가 주관적인 범죄 목적이 있기 때문이다. 그런 목적성은 단순 해킹이나 보안을 위한 해킹을 범죄 테두리에서 제외하는 역할을 한다. 다만, 현행 법률에 따르면 목적성 없는 단순 해킹이나 보안 테스트 행위도 권한이 없다면 처벌될 수 있다. 둘째로, 디지털화된 기술적 수단의 사용이다. 정보 통신 기술의 발달에는 '아날로그 세상의 디지털화'라는 거대 담론이 자리 잡고 있다. 해킹은 정보 통신 시스템의 디지털 보안 및 정보를 침해하는 범죄다. 그러므로 컴퓨터에 있는 정보가 담긴 정보 저장 매체나 통신망 케이블, 전기 공급 장치 등을 물리적 수단으로 손괴하는 행위나 모니터에 나타난 개인정보를 보고 인식하는 아날로그 행위 등은 해킹 범죄에 포섭될 수 없다. 셋째로, '무권한(unbefugt)' 행위다. 사이버 공간은 기본적으로 열린 공간이다. 따라서 사이버 공간에 접속된 컴퓨터는 본질적으로 사이버 공간에 포함된 하나의 공간이다. 만일 그 컴퓨터에 기술적 보안 설정 등으로 명시적인 접근 제한 의사가 표명되지 않는다면 원칙적으로 누구나 접근할 수 있는 공간으로 인식된다. 그러므로 보안 설정이 되어 있지 않은 컴퓨터에 접속하는 행위는 해킹으로 간주될 수 없다. 그러나 보안 설정이 되어 있다면 권한이 있는 사람만 해당 컴퓨터에 접속할 수 있다. 즉 해킹 범죄의 기본 개념은 일단 '사이버 공간에서 범죄 목적을 가지고 디지털화된 기술적 수단을 이용하여 타인의 정보 시스템이나 데이터에 대하여 무권한으로 행해지는 침해 행위'로 특정될 수 있다. 다만, 사이버 공간이 점점 현실 공간과 융합되는 과정에서 해킹 범죄 고유의 사이버 공간적 속성은 점차로 사라지게 될 것이다. 침해 행위는 해킹 범죄 과정을 통해서 이해할 수 있다. 해킹 범죄는 크게 사전 준비, 실행(공격과 침입), 데이터에의 영향(데이터 획득, 삭제, 변경 등) 등 세 단계로 구분할 수 있다. 사전 준비는 해킹을 위한 네트워크를 파악하기 위한 풋프린팅(Footprinting), 해킹 대상 서버의 취약점 파악을 위한 스캐닝(Scanning), 이들을 목록화하는 열거(Enumeration) 등이 있다. 실행은 공격과 침입의 두 가지로 나눌 수 있다. 공격은 컴퓨터 시스템에 장애를 초래하거나 정보통신 시스템을 다운시키는 것을 목적으로 하며, 서비스 거부 공격(DoS)이나 분산 서비스 거부 공격(DDoS) 등이 있다. 침입은 데이터에 영향을 미치는 행위로서 루트킷(Rootkit) 권한 획득이나 백도어(Backdoor) 설치 등이 있다. 과거 해킹 개념은 컴퓨터 침입 행위만을 고려했으나, 이제는 정보 통신 시스템에 대한 공격도 포함한다. 또한 단순히 타인 컴퓨터에 침입하는 행위만을 해킹으로 보는 견해는 침입 후 컴퓨터 정보에 추가적인 행위를 하는 것을 구분하여 해킹 개념을 초과하는 가중요소로 볼 수 있다. 그러나 전통적으로 해킹은 타인의 컴퓨터 시스템에 침입하여 그 컴퓨터에 그 보안 시스템에 대한 문제를 데이터로 남기거나 장난으로 시스템과 무관한 일부 데이터를 열람, 삭제하는 등 데이터에 일정 수준의 영향을 미쳤다. 따라서 침해 개념에는 타인의 데이터에 일정한 영향을 주는 행위까지 포함된다.

참고문헌

김경신·문재웅(2022).『정보보안과 사이버해킹의 기초(제6판)』.

복두출판사.
윤광석(2020). 『키워드로 정리하는 정보보안 119』. 제이펍.
안병태·정화영(2023). 『13가지 기술 트렌드로 배우는4차 산업혁명과 미래사회』. 길벗캠퍼스.
이원상(2009). 해킹의 전단계 범죄화와 일상영역화. ≪안암법학≫ 제28호.

02
사이버 공간의 규제 요소

태초에 조물주는 물리적 원리가 지배하는 세상을 창조하였다. 하지만 현생 인류는 물리적 원리를 넘어서는 사이버 세상을 창조하였다. 그리고 그곳에서 인간이 상상할 수 있는 모든 일들을 구현해 내고 있다. 현실 공간은 시간과 공간, 여러 물리적 제약으로 인해 인간이 온전한 자유를 누리는 것에 한계가 있다. 그래서 인간들이 사이버 공간에서 궁극적으로 원하는 것은 현실적인 제약이 존재하지 않는 온전한 '자유'다. 그러나 사이버 공간에서의 행위에도 규제가 필요하다.

로렌스 레시그의 사이버 공간 규제모델

해커는 사이버 공간에서 활동한다. 생성형 AI는 사이버 공간에 존재한다. 따라서 해커와 생성형 AI에 대해서도 하버드대학교 로스쿨 교수인 로런스 레시그(Lawrence Lessig)가 제시한 사이버 공간 규제 모델이 영향을 미칠 수 있다. 로런스 레시그의 모델은 현실 공간에도 적용이 가능한데, 현실 공간의 행위를 규제하는 요소는 '시장(Market)', '사회 규범(Norm)', '법률(Law)', '구조(Structure)'다. 청소년 흡연을 예로 들자면, 청소년 흡연 행위를 규제하는 요소로 시장의 담배 가격, 청소년은 담배를 피우지 못한다는 사회 규범, 청소년에게 담배를 팔지 못하도록 하는 법률, 담배 자판기에서 담배를 구입할 때 신용카드를 사용하도록 하는 구조가 있다. 이때 법률은 시장에는 청소년에게 담배를 파는 경우 처벌하고, 지역 사회에 청소년이 담배를 피울 수 없도록 하는 규정을 제정하도록 하며, 담배 자판기에 신용카드를 통해 신분 확인을 하도록 강제하는 방법으로 다른 요소들을 통제한다. 같은 맥락에서 로런스 레시그는 사이버 공간에서 행위를 규제하는 요소로 '시장', '사회 규범', '법률', '코드(Code)'를 제시했다. 코드는 현실 공간의 구조에 대응되는 사이버 공간의 행위 규제 요소로 사이버 공간을 구축하는 수단이기도 하다.

시장을 통한 규제

사이버 공간의 규제 수단으로 시장은 사이버 공간 규범 형성에 많은 영향을 미친다. 생성형 AI인 챗GPT(Chat GPT)를 개발한 오픈AI는 2015년 일론 머스크(Elon Musk)와 샘 올트먼(Sam Altman)이 인류에게 유익한 인공지능을 개발하기 위해 공동 설립한 비영리 단체였다. 하지만 마이크로소프트와 같은 기업들이 많은 투자를 하고, 지속적인 발전을 위해 챗GPT가 출시 2개월 만에 유료화하면서 급속히 시장화되었다. 시장에서는 자본이 큰 역할을 한다. 따라서 챗GPT는 처음 목표와는 달리 자본의 영향을 크게 받게 되었고, 그것은 챗GPT 사용자에게도 영향을 미친다. 예를 들어, 챗GPT 유료 구독자는 GPT-4, GPT-4o를 제약 없이 사용할 수 있으며, 달리(DALL-E)로 이미지를 생성할 수 있고, 반응 시간도 더 빠르다. 시장이 통제하는 상황에서 챗GPT의 구독 여부에 따라 사용자가 생성형 AI를 사용하는 행위는 통제될 수 있다. 그러므로 AI 시장을 자유롭고 공정하게 형성할 필요가 있다. 최근 서울에서 구글, 오픈AI, 마이크로소프트, 메타, IBM, 아마존, 삼성, 엘지, 카카오, 네이버 등

인공지능 관련 사업을 수행하고 있는 기업들이 참여한 'AI 비즈니스 서약'도 시장에 의미 있는 영향을 줄 수 있다. 그에 따르면 해당 기업들은 히로시마 AI 프로세스의 '행동 강령', 유엔 총회 결의안 '지속 가능한 발전을 위한 안전하고 신뢰할 수 있는 인공지능 시스템의 기회 포착', AI 서울을 통해 발표된 '프론티어 AI 안전 약속'을 존중한다. 그리고 ① 가짜 뉴스 및 딥페이크 방지를 위해 텍스트 · 이미지 · 사운드 · 동영상 등 AI 생성 파일에 워터마크 추가, ② AI 오남용 모니터링 외부 팀 구성, ③ 정부와 기업에 안전 정보 공유, ④ 사이버 보안에 투자, ⑤ 보안 취약점 및 AI 환각 · 편향성 문제 보고, ⑥ 최첨단 AI 모델을 활용해 기후 변화, 신약 개발 등 사회 문제 우선 해결 등을 서약하였다.

사회 규범을 통한 규제

사이버 공간에서 사회 규범은 강제력을 지닌 통제 능력은 없다. 단지 시민들의 비난이나 무반응, 항의 등으로 대중의 의사를 표현할 수 있으며, 정보 윤리(cyber ethics) 등을 통해 개인이 사이버 공간에서 윤리적인 행동을 하도록 촉구할 수 있을 뿐이다. 그런데 최근에는 사회 규범의 강제 수단으로 '신상 털기'나 청와대 국민청원 게시

판 게재, 특정 카페 회원들의 집단행동 등이 등장하였다. 이들은 오히려 실질적인 규제력을 갖게 되었으며, 상당한 규범력을 행사하기도 한다. 물론 그와 같은 방법이 적절한지에 대해서는 논란이 있다. 예를 들어, 신상 털기는 경우에 따라 범죄가 될 수 있지만, 강력한 강제력을 끌어낸다. 신상 털기의 원인으로 상대방에 대한 폭력 행위 목적, 가부장적 사고의 작용 결과, 집단적 마녀 사냥 행위, 호기심과 재미를 위한 행위 등이 제시되기도 한다.

이에 대해 생성형 AI와 관련해서 AI 윤리에 대한 연구와 노력이 계속되고 있다. 국제적으로는 AI의 부작용을 방지하기 위한 AI 윤리가 제정되고 있다. 예를 들어, 유럽연합(EU)은 '신뢰할 수 있는 AI를 위한 윤리 가이드라인', 미국은 'AI의 윤리적 발전을 위한 결의', 일본은 '인간 중심 AI 사회 원칙 검토 회의'를 통해 7대 윤리 기준을 제정하였다. 중국은 '차세대 AI 관리 원칙' 등을 제시하였으며, 한국도 AI 국가 전략에서 사람 중심의 AI 구현을 제시하였다. 우리 과학기술정보통신부는 2020년 AI 윤리 기준을 마련하였다. 그에 따르면 윤리 기준의 최고 가치를 '인간성(Humanity)'로 설정하고 '인간성을 위한 인공지능(AI for Humanity)'을 위해 3대 기본 원칙과 10대 핵심 요건을 제시하고 있다. 3대 기본 원칙은 첫째, 인간의 존엄성 원칙, 둘째, 사회의 공공선 원칙, 셋째, 기술의 합목적성 원칙이다. 그 실천을 위한 10대 핵심 요건으로 ① 인권 보장, ② 프라이버시 보호, ③ 다양성 존중, ④ 침해 금지, ⑤ 공공성, ⑥ 연대성, ⑦ 데이터 관리, ⑧ 책임성, ⑨ 안전성, ⑩ 투명성을 제시하였다. 현실 공간에서 사회 규범은 점차 약화하고 있지만, 사이버 공간에서는 사회 규범이 형성되고 점차 강해지고 있다. 현실 공간에서는 사회 규범 침해에 대해 마땅한 강제 수단이 없지만, 사이버 공간에서는 평판의 중요성으로 인해 신상 털기나 댓글, '싫어요' 표시와 같은 강제력이 효과를 발휘하기도 한다.

법률을 통한 규제

법률을 통한 규제는 직접적인 방법과 간접적인 방법이 있다. 직접적인 방법은 해당 행위를 직접 규제할 수 있는 법률을 제정하는 것이다. 해킹의 경우 형법이나 정보통신망법에 해킹 행위를 처벌하는 규정을 만드는 것이 그 예다. 다만, 우리나라는 생성형 AI와 관련해서 아직은 직접적인 규제 장치를 마련하지 않았다. 국제적으로도 유럽연합에서 제정한 'EU 인공지능법'이 최초다. 현재 AI와 관련해서 규제보다는 산업적 진흥에 초점이 맞춰

져 있다. 그래서 생성형 AI를 규제하는 법률보다는 진흥을 위한 법률이 먼저 제정되고 있다.

간접적인 방법은 법률이 다른 요소인 시장, 사회 규범, 코드를 규제하는 규정을 제정하여 해당 요소들이 사이버 공간의 행위를 통제하도록 하는 것이다. 현재 생성형 AI와 관련해서 직접적인 규제보다는 간접적인 규제가 좀 더 앞서 있는 것으로 보인다. 예를 들어, 법률을 통해 생성형 AI로 만들어지는 콘텐츠에 워터마크를 표시하도록 규정하면 유튜브 등의 기업은 사용자에게 워터마크를 표시하도록 요구할 것이다. 따라서 사용자들은 생성형 AI를 사용하여 콘텐츠를 제작하여 유튜브에 올릴 때 항상 워터마크를 표시하게 될 것이다. 또한 법률로 생성형 AI가 아동 음란물을 생성할 수 없도록 하여 코드를 규제한다면, 사용자들이 생성형 AI를 통해 아동 음란물을 생성하고 싶어도 생성이 불가능하게 될 것이다.

코드를 통한 규제

코드에 의한 통제 방안은 데이터(Data)와 알고리즘(Algorism)을 통해 나타나게 된다. 로런스 레시그의 현실 공간 규제 요소인 구조(structure)와 비교해 보면, 데이터는 벽돌과 같은 재료의 역할을 하고, 알고리즘은 벽

돌을 쌓는 노하우가 된다. 건축물을 지으면서 문을 북향으로 내면, 사람들은 남향에서 출입하고 싶더라도 출입을 할 수 없다. 또한 창문을 동향으로 내면, 사람들이 건물 내부에서 밖을 보고 싶을 때 동쪽 창문으로 가야 한다. 현실 공간에서 건축물을 어떻게 건축하는지에 따라 사람의 행동이 영향을 받는다.

동일한 맥락에서 사이버 공간에서도 프로그램을 어떻게 만드는지에 따라 사용자들의 행동은 영향을 받는다. 사람들이 생성형 AI를 마음껏 이용하더라도 범죄 목적으로 이용해서는 안 된다. 예를 들어, 생성형 AI에게 누군가의 주민등록번호를 알려 달라고 하면, 생성형 AI는 그 데이터가 있다고 하더라도 그 요청을 거부해야 한다. 그러려면 그것을 처리하는 알고리즘이 있어야 한다. 애플 컴퓨터 사용자나 윈도우 사용자는 애플이나 마이크로소프트에서 제공하는 운영 체제의 영향을 받는다. 또한 그 운영 체제 내에서 앱을 사용하는 사용자는 해당 앱의 기능에 영향을 받게 된다. 최근 생성형 AI는 다양한 서비스들과 접목하게 되는데, 파운데이션 모델과 서비스 제공자의 앱이 사용자에게 영향을 미친다.

코드와 관련해서 클라우스 슈바프(Klaus Schwab)의 원칙도 함께 고려해 볼 가치가 있다. 클라우스 슈바프는

4차 산업 혁명 시대의 4가지 원칙을 소개하고 있다. 첫째로, 기술이 아니라 사회 시스템이 작동하도록 해야 한다는 것이다. 다만 중요한 것은 기술 자체가 아니라 사람의 안녕을 담보할 수 있는 기술 시스템이다. 둘째로, 기술 결정론이 아니라 기술에 권한을 부여하도록 해야 한다는 것이다. 기술은 통제하기 어렵지만 인간의 의사 결정에 따라 통제할 수 있는 시스템을 구축할 수 있다. 셋째로, 인간을 중심으로 해서 사고하는 기술을 개발해야 한다는 것이다. 인간 중심의 개발 철학을 통한 시스템의 변혁이 가능하다. 넷째로, 무가치한 기술 발전이 아니라 가치 지향적 기술을 개발해야 한다는 것이다. 기술은 가치 중립적인 도구가 아니라 가치를 담는 그릇이 될 수 있다. 사이버 공간에 대한 고전적인 모델이지만 로런스 레시그의 모델은 AI 시대에도 여전히 적용될 수 있다. 또한 클라우스 슈바프의 원칙도 새겨 둘 필요가 있다. 이런 가치들이 충분히 고려되어 해킹과 생성형 AI 규제 생태계가 구축되어야 한다.

참고문헌

김창화(2020). EU 인공지능(AI) 윤리 가이드라인 연구. 인터넷법제도 포럼 제7차 월례회의 발표 자료. 한국인터넷진흥원.

유주연(2020). 과기정통부, 「인공지능(AI) 윤리기준」 마련. 과학기술정보통신부 보도자료, https://www.msit.go.kr/bbs/view.do?sCode=user&mPid=112&mId=113&bbsSeqNo=94&nttSeqNo=3179742

이성식(2018).신상털기의 실증연구에서 원인 및 기회증폭과 통제요인들의 통합작용 모색. ≪형사정책≫, 제30권 제1호.

이원상(2018), 4차 산업혁명으로 인한 사이버범죄의 형사규제를 위한 개선과제. ≪법학논총≫ 제42권 제4호.

클라우스 슈밥(2018). 『클라우스 슈밥의 제4차 산업혁명 더 넥스트(The Next)』. 새로운현재.

로런스 레식(2009). 『코드2.0』. 나남.

AI Global Forum(2024.5.22). https://aiseoulsummit.kr/aigf/press/?uid=48&mod=document&pageid=1

03
범죄로서의 해킹

영화나 드라마에 보면 해커가 외계인의 우주선을 해킹하여 지구를 구하기도 하고, 범죄자들의 데이터를 해킹하여 악당들을 물리치기도 한다. 그러나 현실에서 해킹은 형식적으로 범죄가 된다. 그 이유는 형법 등의 법률에서 해킹 행위를 범죄로 규정하고 있기 때문이다. 현행 법률에서 구체적으로 해킹을 처벌하는 규정들이 어떻게 마련되어 있는지 살펴볼 필요가 있다.

범죄의 의미

범죄란 "구성 요건에 해당하고(법률에 처벌 규정이 있고), 위법하고(위법성 배제 사유가 없고), 유책한(책임 배제 사유가 없는) 인간의 행위"다. 그 전제 조건으로 범죄가 성립하려면 '인간의 행위'여야 한다. 동물의 행동이나 자연재해 등은 인간에게 피해를 주더라도 범죄가 될 수 없다.

다만, 인간의 행위라고 하더라도 모든 나쁜 행위를 범죄라고 하는 것은 아니다. 형법은 인간의 나쁜 행위 가운데 형벌로 처벌할 만한 특정한 행위들을 '형법전' 등에 범죄와 형벌로 명확하게 규정해 놓았다. 그래서 구성 요건에 해당한다는 것은 형법전 등에 범죄로 규정해 놓은 조문에 해당한다는 뜻이다. 예를 들어, 형법 제250조 제1항에서는 사람을 살해한 행위자를 처벌하고 있으므로 다른 사람을 죽인 행위자는 구성 요건에 해당한다. 하지만 구성 요건에 해당한다고 해서 바로 범죄가 되는 것은 아니다.

둘째로, 구성 요건에 해당한다고 하더라도 특수한 상황을 고려해 줄 필요가 생긴다. 예를 들어, 정당방위가 있다. 사람을 살해하여 구성 요건에 해당하는 살인죄를 저질렀지만, 행위자 자신이 살아남기 위해 어쩔 수 없이 사람을 죽인 경우라면 범죄라고 할 수 없을 것이다. 그래서 형법에서는 정당 행위, 정당방위, 긴급 피난, 자구 행위, 피해자 승낙 등 위법성 배제 사유를 만들어 놓고, 구성 요건에 해당하더라도 위법성 배제 사유에 해당하면 범죄로 취급하지 않는다. 다만, 구성 요건에 해당하고, 위법한 행위라고 해서 바로 범죄가 되지 않는다(구성 요건 해당 행위 + 위법한 행위 = '불법 행위'라고 함).

셋째로, 범죄를 저지른 행위자를 비난할 수 있는지를 살펴보아야 한다. 예를 들어, 심신 상실자가 살인을 저질렀고, 정당방위 등에도 해당하지 않는다면 처벌해야 할까? 심신 상실자는 자신이 한 행위가 나쁜 짓이라는 것을 이해하지 못한다. 그래서 형법은 형사 미성년자, 심신 상실자, 강요된 행위를 하는 자 등과 같이 범죄를 저지른 행위자에 대해 비난할 수 없는 특별한 경우들을 책임 배제 사유로 정해 놓고, 거기에 해당하면 범죄 행위한 행위자를 처벌하지 않는다.

다시 한번 요약하자면, 범죄란 '형법전 등에 범죄로 규정해 놓은 행위에 해당하고, 특수하게 고려해 주어야 할 위법성 배제 사유나 책임 배제 사유가 없는 인간의 행위'를 의미한다.

해킹 범죄

사회학적으로 해킹은 "정보 통신 체계와 관련되는 일탈 행위 일체를 의미하는 집합 개념"으로 이해된다. 실무에서 경찰청은 해킹을 "정당한 접근 권한 없이 또는 허용된 접근 권한을 초과하여 정보통신망에 침입하는 행위"나 "컴퓨터 또는 네트워크와 같은 자원에 대한 접근 제한(access control) 정책을 비정상적인 방법으로 우회하거나 무력화시킨 뒤 접근하는 행위"라고 정의한다. 하지만 현행 형법, 정보통신망법 등 법률에서는 해킹에 대한 명확한 법률적 정의는 하지 않고, 해킹 관련 행위를 처벌하는 규정을 두고 있다. 그래서 해킹 행위는 기본적으로 범죄 구성 요건에 해당하므로 범죄가 된다.

해킹 범죄의 기본적인 표지를 보면, 해킹은 '권한이 없거나 권한을 넘는 행위'여야 하고, '침입 행위 시에 인간의 작위가 요구'되며, '침해되는 법익은 정보통신망의 보안성 또는 무결성'이라고 할 수 있다. 이를 기반으로 정보 유출이나 정보통신망 마비 등과 같은 추가 침해 행위가 있으면 불법성이 가중된다. 해킹 범죄 이전에 해킹을 위해 해킹 툴(Tool)을 제작하는 행위는 해킹 범죄를 위한 예비 행위라고 할 수 있다. 또한 정보통신망에 침입하지 않고 정보통신망이 제대로 작동할 수 없도록 악성코드를 실행시키거나 서비스 분산 공격을 하는 것도 해킹 범죄에 포함될 수 있다. 그래서 경찰청은 해킹을 비롯해 악성 프로그램, 서비스 거부 공격, 기타 방법 등을 포괄해 '정보통신망 침해 범죄'라는 개념을 사용한다.

형법상 주요 해킹 범죄 처벌 규정

해킹을 처벌하는 기본 규정들은 형법과 정보통신망법에 있다. 형법은 1995년 개정에서 정보 처리 장치와 특수매체기록이라는 개념을 도입하고, 해킹을 비롯한 컴퓨터 범죄 처벌 체계를 구축하였다. 첫째로, 컴퓨터 업무 방해죄(형법 제314조 제2항)가 있다. 컴퓨터 업무 방해죄는 "컴퓨터 등 정보 처리 장치 또는 전자 기록 등 특수매체기록을 손괴하거나 정보 처리 장치에 허위의 정보 또는 부정한 명령을 입력하거나 기타 방법으로 정보 처리에 장애를 발생하게 하여 사람의 업무를 방해한 자"를 처벌한다. 여기서 해킹은 침입하여 허위 정보나 부정한 명령 입력, 기타 방법을 사용하는 것이다. '허위 정보 입력'은 객관적 진실에 반하는 정보를 입력하는 것을 의미하며, '부정한 명령의 입력'은 사무 처리 과정에서 본래 목적과 다른 명령을 입력하는 것이다. 그 결과 정보 처리장치 또는 특수매체기록에 장애가 발생하고, 그로 인해 업무 방해가 발생해야 하는데, 업무 방해는 현실적으로 발생할 필요는 없고, 업무를 방해할 가능성만 있으면 인정된다. 다만, 해당 규정은 컴퓨터 등 정보 처리 장치 침입 이후 결과범만을 처벌한다. 그래서 정보통신망법 제48조 제2호는 정보통신망 침입 이전에 바이러스 등 악성 프로그램을 전달 · 유포하는 행위를 처벌하여 형법상 컴퓨터 업무 방해죄 규정을 보완한다.

둘째로, 기술적 방법에 따른 비밀 침해죄(형법 제316조 제2항)가 있다. 해당 규정은 "봉함 기타 비밀 장치한 사람의 편지, 문서, 도화 또는 전자 기록 등 특수매체기록을 기술적 수단을 이용하여 그 내용을 알아낸 자"를 처벌한다. 여기서 객체는 '비밀 장치한 전자 기록 등 특수매체기록'이다. 비밀 장치란 '컴퓨터 자체에 물리적으로 시정된 외형 장치'뿐 아니라 '비밀번호, 전자카드, 지문 인식, 안면 인식, 음성 인식 등 특수한 기술적 · 관리적 보호 조치' 등을 포함한다. 본 범죄는 특수매체기록의 내용을 알아내야 성립하는 결과범이다. 그러므로 컴퓨터 시스템에 침입하는 것은 실행의 착수이고, 침입 후 특수매체기록상 데이터 내용을 알아내지 못하면 미수가 되는데, 미수범 처벌 규정이 없으므로, 침입 후 그 내용을 알아내지 못한 자는 본 규정에 의해 처벌될 수 없다. 다만 타인의 비밀이 정보통신망에 의해 처리 · 보관 · 전송되는 데이터라면 정보통신망법 제71조 제1항 제11호 및 제49조(비밀 등의 보호)에 따라 처벌될 수 있고, 전기통신 대화 비밀을 침해하였다면 통신비밀보호법 제16조 제1호가 적용될 수 있다.

셋째로, 재물손괴(형법 제366조)는 "타인의 재물, 문서 또는 전자 기록 등 특수매체기록을 손괴 또는 은닉 기타 방법으로 그 효용을 해한 자"를 처벌한다. '손괴'는 재물 등이 본래 용도대로 사용할 수 없도록 본질적으로 훼손하는 것을 의미하고, '은닉'은 재물 등의 소재를 불명하게 하여 그 발견을 곤란하게 하거나 불가능하게 하여 그 효용을 해하는 것이다. 그리고 기타 방법은 손괴 및 은닉 이외에 그에 준하는 방법으로 특수매체기록을 그 본래의 용법에 따라 사용할 수 없도록 하는 것이다. 예를 들어, 컴퓨터 시스템에 바이러스를 감염시켜 특수매체기록을 일시적으로 사용하지 못하도록 하는 것이 있다. 또한 컴퓨터 파일의 속성을 변환하여 아무나 볼 수 없도록 하거나 찾기 어려운 폴더에 옮겨 놓는 것도 은닉에 해당할 수 있다. 앞서 컴퓨터 업무 방해죄는 미수범 처벌 규정이 없지만, 특수매체기록 손괴죄는 형법 제371조에서 미수범을 처벌하고 있다. 따라서 컴퓨터 업무 방해죄에 해당하지 않는 특수매체기록 손괴 미수범은 처벌할 수 있다. 다만, 실행의 착수 시기는 데이터를 삭제 및 은닉하는 행위를 한 때이고, 만일 정보통신망을 침입만 한 상태에서 체포되었다면 실행의 착수 이전으로 봐야 해서 미수범으로 처벌할 수 없게 된다.

이처럼 형법상 해킹 범죄는 기본적으로 침입 해킹 범죄 결과범을 처벌하고 있으며, 단순 해킹 범죄나 해킹 예비·음모는 처벌하지 않고, 미수범도 특수매체기록 손괴죄에서만 처벌한다. 그러므로 공격 해킹 범죄, 해킹 예비·음모 등 형법상 해킹 범죄의 미흡한 부분은 정보통신망법에서 처벌한다.

정보통신망법상 주요 해킹 처벌 규정

정보통신망법에서는 주로 형법상 해킹 범죄의 처벌 범위에 포섭되지 않는 유형들을 처벌한다. 정보통신망법상 주요 해킹 처벌 규정은 제70조의2(제48조 제2항), 제71조 제9호(제48조 제1항), 제10호(제48조 제3), 제11호(동법 제49조) 등이 있다. 첫째로, 동법 제70조의2(동법 제48조 제2항)는 "정당한 사유 없이 정보통신시스템, 데이터 또는 프로그램 등을 훼손·멸실·변경·위조하거나 그 운용을 방해할 수 있는 프로그램을 전달 또는 유포한 자"를 처벌한다. 해당 규정은 해킹 범죄 및 랜섬웨어 등 악성 프로그램에 대한 예비죄를 처벌한다. 전달 또는 유포된 악성 프로그램으로 인한 피해 결과가 매우 크고, 복구가 힘들다는 점을 고려하여 해킹 범죄를 전 단계 범죄화한 유형이라고 할 수 있다.

둘째로, 동법 제71조 제9호(동법 제48조 제1항)는 "정당한 접근 권한 없이 또는 허용된 접근 권한을 넘어 정보통신망에 침입한 자"를 처벌하고, 그 미수범도 처벌한다(동법 제71조 제2항). 해킹 범죄로 인해 정보 침해가 발생하기 전 단계를 처벌하는데, 정보통신망 침해죄의 보호법익이 "이용자의 신뢰 내지 그의 이익을 보호하기 위한 규정이 아니라 정보통신망 자체의 안정성과 그 정보의 신뢰성을 보호"하기 때문이다. 또한 본 규정은 정보통신망에 대한 보호 조치를 침해하거나 훼손할 것을 요건으로 하지 않고 '정당한 접근 권한 없이 또는 허용된 접근 권한을 넘어' 정보통신망에 침입하는 행위를 금지한다. 그러므로 접근 권한이 있는지는 서비스 제공자가 부여한 접근 권한이 불법의 기준이 된다. 다만, 정보통신망에 대하여 서비스 제공자가 접근 권한을 제한하고 있는지는 보호 조치나 이용 약관 등 객관적으로 드러난 여러 사정을 종합적으로 고려하여 신중하게 판단하여야 한다.

셋째로, 동법 제71조 제10호(동법 제48조 제3)는 "정보통신망의 안정적 운영을 방해할 목적으로 대량의 신호 또는 데이터를 보내거나 부정한 명령을 처리하도록 하는 등의 방법으로 정보통신망에 장애가 발생하게 한 자"를 처벌한다. 본 규정은 서비스 거부 공격뿐 아니라 정보통신망에 침입하여 컴퓨터 시스템에 장애를 초래하는 해킹 행위도 처벌한다. 본 규정은 악성 프로그램 전달 및 유포죄(동법 제71조 제9호), 정보통신망침입죄(동법 제72조 제1항 제1호)와 달리 목적범 형식이고, 미수범은 처벌하지 않는다. 본 규정은 통신망에 장애를 발생하게 한 경우, 정보처리망에 장애를 발생하게 한 경우, 통신망과 정보처리망에 모두 장애를 발생하게 한 경우를 포함한다. 정보 처리 장애를 처벌하는 컴퓨터 업무 방해죄(형법 제314조 제2항)의 특수한 형태를 규정한 것으로 업무와 무관한 정보통신망 장애가 현실적으로 발생하는 경우를 처벌하는 침해범이라고 할 수 있다. 따라서 허위 자료를 처리하게 하여 정보통신망 관리자 및 이용자에게 진실에 반하는 결과를 만들더라도 장애나 기능 저하 등이 발생하지 않았다면, 형법상 컴퓨터 업무 방해죄는 성립할 수 있지만, 해당 규정으로 처벌할 수 없다.

넷째로, 동법 제71조 제11호(제49조)는 "정보통신망에 의하여 처리 · 보관 또는 전송되는 타인의 정보를 훼손하거나 타인의 비밀을 침해 · 도용 또는 누설하는 자"를 처벌한다. 본 규정은 정보 훼손죄와 비밀 침해죄로 구분할 수 있는데, 형법상 손괴죄 및 비밀 침해죄와 달리 '전송 중이거나 현재 처리 중인 정보 및 비밀'을 그 대상에 포함한다. 따라서 정보 훼손죄 부분은 형법상 손괴죄의 확장 규정이며, 비밀 침해죄 부분은 형법상 비밀 침해죄 이후 이차적인 행위를 규정하고 있다.

참고문헌

신동운(2022). 『형법총론(제14판)』, 법문사.

이상돈(2023).『형법강론(제4판)』. 박영사.

이원상(2009), 해킹의 전단계 범죄화와 일상영역화 ≪안암법학≫ 제28호, 안암법학회.

이주원(2023). 『특별형법(제9판)』, 홍문사.

조성훈(2013). 정보통신망 침입에 대한 연구 – 정보통신망 이용촉진 및 정보보호 등에 관한 법률 제48조를 중심으로. ≪법조≫제687호, 법조협회.

최호진(2010). 사이버 해킹과 형법적 대응방안. ≪비교형사법연구≫ 제12권 제2호, 한국비교형사법학회.

최호진(2022), 『형법각론』. 박영사.

백석대학교 해킹관련법규안내. https://www.bu.ac.kr/web/3509/subview.do

04
AI의 발전 과정과 방향

인공지능이 개발된 세월은 70여 년 남짓이다. 그동안 인공지능은 많은 기대와 실망을 주었고, 인공지능이 적극적으로 활용되기까지 좀 더 시간이 걸릴 것으로 보였다. 하지만 인공지능 기술은 폭발적으로 발전하게 되었고, 이제는 인간을 대체하는 단계에 이르게 되었다. 그런 인공지능과 해킹이 만나기 시작했다.

AI의 이해

지능이라는 특성을 개념 정의하기는 쉽지 않지만, 지능은 지성(智性)과 오성(悟性)뿐 아니라 감성(感性)까지 포함된 개념으로 이해할 수 있다. 그동안 지능은 인간이나 동물처럼 신에 의해 만들어진 생명체에 부여된 특성 중 하나로 이해되었다. 하지만 인간은 '인공지능(AI)'을 창조하였다. AI 단계는 크게 4개 단계로 이해하기도 한다. AI 청소기 등과 같이 제어 공학이나 시스템 공학의 단순한 제어 프로그램이 있는 기계는 1단계에 해당하고, 퍼즐을 푸는 프로그램 등 보유한 데이터베이스를 통해 추론 및 탐색을 할 수 있는 기계는 2단계에 해당한다. 알파고(AlphaGo) 등과 같이 내장된 검색 엔진 및 빅데이터 등을 기반으로 입력된 값의 규칙이나 지식 등을 스스로 학습하는 기계는 3단계에 해당하고, 딥러닝(Deep-Learning)을 통해 데이터의 입력 자체를 학습하고 규칙까지도 스스로 만드는 기계는 4단계에 해당한다.

또한 AI를 약한 AI와 강한 AI로 구분하기도 한다. 약한 AI란 "아직 인간적인 마음(mind)은 가지고 있지 않으며, 제한된 영역에서 인간의 지능을 모방하고 있고, 특이점(singularity)과는 상당한 거리를 가지고 있는 AI"를 의미한다. 강한 AI는 다시금 두 유형으로 구분된다. 하나는 "스스로 사고하고, 스스로를 진화시키며, 끊임없이 정보를 학습하여(Deep Learning) 자신에게 주어진 규칙까지도 변경할 수 있는 능동적이고 자율적인 AI"이고, 다른 하나는 "특이점(Singularity)을 넘어 인간의 능력을 초월하여 마치 슈퍼맨과 같은 초인간적인 힘을 가진 '초인공지능(Artificial Super Intelligence)'"이다. 생성형 AI가 나타나면서 AI 단계는 점차로 강한 AI에 접근하고 있는 것으로 보인다.

지금까지 AI 수준을 측정할 수 있는 구체적인 기준은 없었다. 그런데 최근 구글 딥마인드 팀은 범용 AI(AGI) 여부를 측정하는 기준을 제시하였다. 범용 AI를 정의하기 위해 AI와 관련된 튜링 테스트 등 아홉 가지 사례 연구를 반영하여 0단계에서 5단계까지를 구분하였다. 그에 따르면 특정 영역에서 활용할 수 있는 특수 AI(narrow AI)분야는 이미 인간을 넘어섰다. 그러나 범용 AI는 아직 수준이 높지 않으며, 논문 당시의 챗GPT, 바드(Bard), 라마2(Llama 2) 등 대형언어모델(LLM)들도 아직은 '숙련되지 않은 인간과 동등하거나 조금 나은 수준'에 해당하는 레벨 1단계에 해당한다고 보았다. 그러나 최근에 발표된 GPT-4o, 클로드(Claude) 3.5, 제미나이(Gemini) 1.5, 라마(Llama) 3 등은 이전 버전에 비해 더

우 발전하였다. 범용 AI 단계는 빠르게 높아지고 있으며, 머지않아 인간을 넘어설 수 있을 것이다.

AI 발전 과정

AI 시대는 크게 6차 시대로 구분할 수 있다. 1차 AI 시대는 1943~1956년이다. 이 시기는 AI 초기로 AI가 인간의 신경망과 같이 구성될 수 있다는 아이디어 차원에서 AI 학문이라는 분야가 태동하기 시작하였다. 앨런 튜링은 1950년 "계산 기계와 지능(Computing Machinery and Intelligence)"에서 이미테이션 게임이라고도 하는 튜링 테스트를 제시하였다. 1956년에는 마빈 민스키(Marvin Minsky), 존 매카시(John McCarthy) 등이 다트머스 대학교에서 콘퍼런스를 개최하여 AI라는 용어를 공식적으로 사용하였다. 2차 AI 시대는 1956년~1974년이다. 다트머스 콘퍼런스 이후 AI가 세간의 관심을 받으며 AI와 관련된 많은 연구가 수행되어, 이 시기를 AI의 황금기라고도 한다. 이 시기 AI는 스텝 바이 스텝(Step by Step) 방식의 탐색 추리가 사용되어 게임 승리나 정리 증명과 같은 목표를 수행하였다. 비록 프로그램에 의해 설정된 응답이지만, 자연어로 인간과 대화할 수 있는 엘리자(ELIZA)라는 자연어 처리 AI가 개발되었다. 제3차 AI 시대는 1974~1980년이다. AI 황금기에 수많은 AI 연구가 수행되었지만, 실제로 AI를 통해 복잡한 문제를 해결할 수 없었고, 그로 인해 AI에 대한 부정적인 인식이 확산하면서 AI 연구에 재정적 위기가 찾아왔다. 따라서 이 시기를 AI의 첫 번째 암흑기라고도 한다. AI를 구현하려면 컴퓨터 성능이 뒷받침되어야 하는데, 그 시대의 컴퓨터 성능은 매우 부족하였다. AI 발전에 한계를 맞으면서 '인간은 쉽게 영상이나 사진을 인식하고 판독하지만, 컴퓨터는 그것이 매우 어렵고, 반대로 컴퓨터는 복잡한 문제를 쉽게 해결하지만 인간에게는 매우 어렵다'는 모라베크 역설(Moravec's Paradox)도 등장하였다. 제4차 AI 시대는 1980~1987년이다. 이 시기는 AI의 봄이라고 일컬어지는데, 많은 연구자가 전문가 시스템을 연구하면서 다시 한번 AI 연구에 관심과 재정이 투입되었기 때문이다. 전문가 시스템이란 '전문가가 가지고 있는 특정 지식이나 정보를 컴퓨터에 저장하고 관리하여 비전문가들이 전문가의 지식에 쉽게 접속하여 이용할 수 있도록 지원하는 자문형 정보 시스템'이다. 그와 함께 1986년에는 제프리 힌턴(Geoffrey Hinton)과 데이비드 루멜하트(David Rumelhart)가 오차역전파법(Backpropagation)을 통해 다층 퍼셉트론을 학습시키는 것에 성공하여 비선형 문제(XOR 문제)를 해결함으로써 관심에서 멀어졌던 신경망 이론을 부활시켰다. 5차 AI 시대는 1987~1993년이다. 이 시기는 AI의 두 번째 암흑기로 불린다. 4차 AI 시대를 이끌었던 전문가 시스템이 기대만큼 성과를 내지 못하면서 AI에 대한 관심도 식었다. 이 시기에는 성능이 좋은 개인용 컴퓨터가 널리 보급되었다. 따라서 구입 비용과 유지보수 비용이 많이 드는 전문가 시스템 기기를 구입할 이유가 없어졌다. 결국 전문가 시스템은 아주 특별한 목적으로만 사용되면서 대중성을 잃게 되었다. 그리고 6차 AI 시대가 1993년 개막되어 지금에 이르고 있다. 5차 AI 시대에서 AI 겨울(AI winter)을 경험하면서도 AI에 대한 연구는 계속 진행되었다. 특히 지능형 에이전트라는 새로운 패러다임이 등장하면서 인간의 개입 없이 주기적으로 정보를 모으거나 서비스를 수행하는 것이 가능해졌다. 6차 AI 시대가 되면서 AI의 성과가 조금씩 나타나기 시작했다. 1997년에는 IBM이 만든 인공지능 컴퓨터 딥 블루가 당시 체스 세계 챔피언 가리 카스파로프(Garry Kasparov)를 이겼다. 2005년에는 스탠퍼드 로봇이 그랜드 챌린지에서 사막 도로 131마일을 자동으로 운전하여 우승하였다. 2011년에는 IBM의 응답 시스템 왓슨이 〈제퍼디(Jeopardy) 퀴즈 쇼〉에 출전하여 우승하였다. 그리고 2016년에는 구글 딥마인드 팀이 개발한 알파고가 세계 최고 바둑기사인 이세돌을 상대로 4승 1패로 승리하였다. 그리고 2022년 오픈AI의 챗GPT가 등장하면서 지금에 이르고 있다.

AI와 해킹의 만남

AI는 지금 이 순간에도 발전하고 있다. AI에게 다소 부족함이 있었던 추론 영역도 챗GPT-o1이 등장하면서 경쟁적으로 발전하고 있다. 이렇게 발전하고 있는 AI 기술은 기술 장인인 해커와 만나게 된다. 해커들의 손에서 AI는 범죄 도구이자 주체가 된다. 이제는 해킹을 이해할 때 AI 기술을 함께 고려해야 한다. AI는 자연어 처리모델인 GPT(Generative Pre-trained Transformer)를 사용한다. GPT의 특징은 기존에 있는 정보를 검색하여 찾아 주는 것에 그치지 않고 새로운 정보를 처리하여 생성해 준다는 것이다. 가장 대표적인 것이 오픈AI의 챗GPT다. 챗GPT는 심층 신경망과 자연어 처리 알고리즘을 통한 기계 학습 기술을 결합하여 인간 언어의 의미를 분석하고 이해하여 사용자가 요구하는 정보를 생성해 준다. 언어에 특화되어 있으므로 인간의 언어를 서로 변환해 주는 통·번역이나 인간의 언어를 컴퓨터가 이해할 수 있도록 바꿔 주는 코딩에 특화되어 있다. 해커 등급이 낮은 스크립트 키드나 디벨럽트 키드는 코딩 수순이 상대적으로 낮으므로 세미 엘리트나 엘리트 수준의 해킹을 할 수 없었다. 하지만 이제는 자신이 원하는 해킹 프로그램의 모습을 상상하고, 그 내용을 프롬프트에 작성하면 챗GPT가 이상적인 해킹 프로그램을 생성해 준다. 이제까지 해킹의 주체는 인간이었지만 이제부터 AI가 해킹 행위자로 개입하게 된 것이다. 해커들은 자신들이 원했던 강력한 해킹 수단을 사용할 것이고, AI는 낮은 수준의 해커를 단숨에 최고 수준까지 높여 주는 치트키가 된다. 이미 해커들에게 AI는 해킹에 선택 수단이 아니라 필수 수단이 되었다. 그러므로 앞으로의 해킹 개념은 '인공지능을 활용하여 컴퓨터 네트워크 보완 취약점을 찾아내어 그 문제를 해결하고 이를 악의적으로 이용하는 것을 방지하는 행위'라고 이해해야 할 것이다.

참고문헌

김태종(2014.9.13). 오픈AI, '추론'하는 새 AI 모델 'o1' 공개…챗GPT에 탑재(종합). ≪연합뉴스≫, https://www.yna.co.kr/view/AKR20240913003651091

안병태·정화영(2023). 『4차 산업혁명과 미래사회』. 길벗캠퍼스.

양천수(2017). 인공지능과 법체계의 변화 – 형사사법을 예로 하여.

≪법철학연구≫ 제20권 제2호. 한국법철학학회.
이원상(2018), 인공지능 대응에 있어 형사법 이론의 한계. ≪형사법의 신동향≫ 제59호. 대검찰청.
이원상(2023). 인공지능을 활용한 해킹 범죄에 대한 소고. ≪영남법학≫ 제57호.
주민식(2017.9.15). 인공지능은 어떻게 발달해왔는가, 인공지능의 역사. 삼성SDS, https://www.samsungsds.com/kr/insights/091517_cx_cvp3.html
마쓰오 유타카(2015). 『인공지능과 딥러닝: 인공지능이 불러올 산업구조의 변화와 혁신』. 동아엠앤비.
Google DeepMind(2023), Levels of AGI: Operationalizing Progresson the Path to AGI, arXiv:2311.02462v1 *[cs.AI]*.
SAE Blog(2021.5.3) SAE Levels of Driving Automation™ Refined for Clarity and International Audience, https://www.sae.org/blog/sae-j3016-update

05
AI 시대의 해킹 위협

AI 시대는 인간에게 많은 유익을 준다. 그러나 AI가 고도로 발전하고, 해커들이 AI를 해킹 수단으로 활용하기 시작하면서 사회적 위험은 점점 커지고 있다. 디지털화된 사회에서 해킹은 사회에 자연재해와 버금가는 피해를 줄 수 있다. 그에 더하여 AI를 활용하게 되면 그 피해 규모는 더욱 커질 수 있다. 우리는 AI 시대의 해킹 위협에 대해 충분히 인식하고 대응 전략을 마련해야 한다.

디지털화된 사회

해커는 현실 공간의 인간, 동물, 식물, 물건 등에는 해킹을 할 수 없다. 해킹을 위해서는 아날로그 환경이 아니라 디지털 환경이 존재해야 하기 때문이다. 사이버 공간은 디지털 환경이다. 그래서 해커들은 사이버 공간에서 존재하고, 해킹 범죄는 악성 프로그램과 함께 전형적인 사이버 범죄로 분류한다. 그런데 아날로그 공간인 현실 공간이 디지털 공간인 사이버 공간과 점차 융합하고 있다. 물체가 해킹 대상이 되려면 자체적인 계산 기능과 외부와의 통신 기능이 있어야 한다. 그것을 가능하게 하는 기술이 '사물인터넷(IoT)'이다. 사물인터넷이란 사물이 인터넷에 연결되어 서로 통신을 통해 데이터를 교환하고 자체적으로 정보 처리를 수행할 수 있는 것을 의미한다. 이제까지 인간과 인간, 인간과 물건(일례로 휴대폰)은 서로 정보 교환이 가능하였지만, 물건과 물건은 정보 교환이 불가능하였다. 하지만 사물인터넷이 개발되면서 물건과 물건 간에도 정보 교환과 데이터 처리가 가능하게 되었다. 여기에 블루투스와 같은 개인 통신망인 PAN (Personal Area Network), 근거리 통신망인 LAN (Local Area Network), 대도시 네트워크망인 MAN(Metropolitan Area Network), 광대역 통신망인 WAN (Wide Area

Network)이 그물망처럼 연결되어 물체와의 통신은 끊어지지 않고 항상 연결 상태로 유지할 수 있다. 그뿐 아니라 초당 최대 20Gbps까지 데이터를 전송할 수 있고(초광대역 서비스), 통신 지연이 거의 없으며(고신뢰/초저지연 통신), 1㎢당 한 번에 백만 개까지 연결할 수 있는 것을 목표로 하는(대량 연결) 5G 통신망까지 구축되어 있다. 이제 현실 공간도 해커들의 해킹 사정권 안에 들어오게 되었다.

해커들이 해킹하는 것은 데이터다. 해커는 각종 데이터를 자신 맘대로 수집 · 처리 · 가공 · 생성하여 자신이 원하는 목적을 이룬다. 다다익선(多多益善), 즉 해커에게는 데이터가 많으면 많을수록 좋다. 그런데 그에 부응하는 데이터 처리 기법이 나타났으니, 바로 '빅데이터(Big Data)'다. 빅데이터는 엄청난 양의 정형, 반정형, 비정형 데이터를 수집하여 분석할 수 있다. 그래서 빅데이터의 다섯 가지 특징(5V)로서 엄청난 양의 데이터를 의미하는 볼륨(Volume), 정형 · 반정형 · 비정형의 다양한 유형의 데이터를 의미하는 다양성(Variety), 데이터를 실시간으로 처리하고 분석하는 속도(Velocity), 데이터의 품질과 정확성을 의미하는 정확도(Veracity), 데이터로 얻을 수 있는 궁극적인 목표를 달성하는 데 통찰력을 제공해 준다는 의미의 가치(Value)가 있다. 이런 점을 고려하여 가트너(Gartner)는 빅데이터를 "향상된 통찰력, 의사 결정 및 프로세스 자동화를 지원하는 비용 효율적이고 혁신적인 형태의 정보 처리를 요구하는 대용량, 고속 및 다양성이 높은 정보 자산"이라고 정의했다. 문제는 이런 빅데이터가 해커들에게 자양분을 공급해 준다는 것이다. 해커들은 마치 사금을 채취하는 것처럼 빅데이터 가운데 해킹에 필요한 정보들을 수집 · 처리 · 가공 · 생성해서 해킹에 활용한다. 여기에 AI 기술은 '화룡점정(畵龍點睛)'을 찍어 준다. 디지털화된 사회를 구성하고 있는 다양한 기술들은 해커들에게 매우 유용한 수단으로 활용된다.

해킹 범죄의 발생 과정과 AI

해커에게 AI는 그들의 능력을 강화하여 해커 등급을 높여 줄 수 있는 요긴한 수단이다. 해킹 범죄가 발생하는 과정을 살펴보면, 먼저 해킹 범죄는 정상적인 보안 활동과 구분하기 위해 주관적 구성 요건으로 고의 외에 해킹 범죄의 목적이 있어야 한다. 다만, '정당한 이유'나 '권한' 등을 통해서도 통상적인 보안 활동을 해킹 범죄와 구분할 수 있다. 해킹 범죄의 발생 과정을 보면, '① 해킹 범죄

계획 및 정보통신망 침입 준비 → ② 수많은 정보통신망 중 침입할 정보통신망 탐색 및 해당 정보통신망 보안 상태 확인 → ③ 정보통신망 취약 지점 해킹 시작 또는 정보통신망 장애 유발 → ④ 정보통신망 침입 또는 침입 후 탐색 → ⑤ 정보통신망 내부 데이터 장애 유발, 개인정보 수집, 암호 화폐 지갑 이전, 랜섬웨어 설치 등 범죄 목적 성취 → ⑥ 수집한 정보를 기반으로 한 2차 범죄'로 구분할 수 있다.

①은 정보통신망에 침입하기 위한 예비 · 음모 단계로서 예비 · 음모 행위를 처벌하는 별도의 규정이 있어야 한다. 해킹 툴을 개발하거나 해킹 공모자를 모집하는 등이 그 예다. ②는 해킹 범죄 유형에 따라 예비 · 음모 단계일 수도 있고, 실행의 착수로도 볼 수 있는 단계다. 디도스(DDoS) 공격의 경우에는 실행의 착수로 볼 수 있지만, 침입해야 하는 해킹 범죄의 경우에는 정보통신망의 보안 취약 부분 탐색하는 등 행위가 예비 행위일 수 있다. ③은 침입 해킹 행위 실행의 착수 단계다. 정보통신망에 침입을 시도하였지만, 성공하지 못한 경우 미수범 처벌 규정이 있으면 미수범으로 처벌할 수 있다. ④는 단순 해킹 범죄에 해당한다. 정보통신망에 침입하는 것을 목적으로 하는 해킹 유형이다. 단순히 정보통신망에 있

는 폴더나 파일 정보만 살펴보는 행위 등이 그 예다. ⑤는 해킹 범죄가 정보통신망의 컴퓨터 시스템 내부의 데이터에 영향을 미치는 단계다. 해킹의 목적이 성취되는 단계이기도 하다. ⑥은 해킹 범죄를 기반으로 이차적인 범죄를 범하는 단계다. 랜섬웨어 해독을 이유로 한 공갈을 하거나 기밀 정보를 인터넷에 공개하는 행위 등이 그 예다.

이런 과정들은 해커들이 장인 정신으로 한 땀 한 땀 엮은 코딩을 통해 진행된다. 그런데 이제는 이런 해킹 범죄의 단계마다 AI가 활용될 수 있다. 본래 해킹은 컴퓨터 코딩 기술이 뛰어난 사람들만이 할 수 있었다. 그러나 해킹 툴이 개발되면서 일반인 누구라도 해킹 툴을 이용하면 어느 정도 해킹을 할 수 있게 되었다. 그러나 해킹이 발전하는 만큼 보안 기술도 함께 발전하므로 대다수 해킹은 방어가 가능하였다. 그런데 최근 해킹 범죄에 AI가 활용되면서 범죄의 속도, 방법, 규모가 예측하기 쉽지 않고, 현행 보안 체계로 방어하기가 상당히 어려워지고 있다. 최근 AI를 활용하는 해킹 수법을 살펴보면, 스팸 필터를 속이는 스팸 메일을 보내는 사례가 있다. 해커가 AI를 이용하여 계속해서 이메일을 전송하면서 얻은 정보를 이용하여 스팸 필터 모델 작동 기준을 재구성하여 스팸 필터를 우회할 수 있다. 피싱 메일은 더욱 정교해지고 있다. 국가정보원은 북한 해킹 조직이 AI를 활용하여 우리 국민 2천만 명 이상이 사용하고 있는 전자상거래 앱을 교묘히 변조하여 유포하려는 정황을 포착하였다고 한다. 그리고 암호 해킹을 손쉽게 할 수 있다. 최근 한 보안기업이 AI를 이용하여 암호를 해독한 결과 일반적인 암호의 51%를 1분 이내에 해독할 수 있었다고 한다. 딥보이스 및 딥페이크를 활용하여 해킹 이후 여론을 호도할 수도 있다. 또한 온라인에서 쉽게 구할 수 있는 오픈소스 AI를 활용하여 자신들의 해킹 툴을 발전시키고, 공격 대상을 빠른 속도로 정찰하여 보안 체계의 취약점을 발견하고 공격할 수도 있다. 해커들은 AI를 활용하여 새로운 공격을 생성하고, 자동화하며, 확장 및 개선하는 등 진화하는 사이버 공격 환경을 조성하고 있다. 무엇보다 우려스러운 것은 2016년 마이크로소프트의 AI 챗봇 테이(Tay)가 인종차별적인 발언을 하도록 학습된 사건과 유사하게 해커들이 AI 자체에 대해 학습 데이터 세트를 조작하여 인공지능이 해킹이나 악성 프로그램에 대해 정상적인 활동으로 인식하도록 하는 것이다. 이를 '적대적 AI' 또는 '적대적 기계 학습'이라고 한다.

핵티비즘

해커는 자신의 이익을 위해 해킹을 하기도 하지만, 특정한 정치적 · 사회적 목적을 위해 해킹을 하기도 한다. 해커들이 사회 문제에 대해 목적을 설정하고, 해킹을 수단으로 목적을 달성하고자 하는 것이 핵티비즘(Hacktivisim)이다. 대표적인 핵티비즘 해커 그룹으로 어나니머스(Anonymous)와 룰즈섹(Lulzsec) 등이 있다. 어나니머스는 핵티비즘에 대한 관심을 끌기 위해 위키리크스(Wkileaks)가 뱅크 오브 아메리카(BOA) 내부 문서를 폭로하는 것에 대응하여 HB 개리 페더럴 사가 뱅크 오브 아메리카와 협력하여 비열한 수단으로 대응할 것이라는 정보를 공개하였다. 또한 2012년에는 위키리크스 설립자 줄리언 어산지(Julian Assange)를 석방하라며 영국 총리실과 내무성 웹사이트에 디도스 공격을 하였다.

그런데 핵티비즘이 정치적 · 사회적 정의를 위해 활동하는 단체인지는 의문이다. 어나니머스는 2011년 초, HB 개리 페더럴의 최고경영자(CEO)가 어나니머스 회원 몇 명의 정체를 밝히겠다고 하자, 그 복수로 HB 개리 페더럴과 그 자회사의 시스템을 공격하였고, 수만 건의 비공식 자료를 공개했다. 룰즈섹도 소니가 플레이스테이션3를 해킹한 조지 호츠(George Hotz)에 법적 대응을 하자 2011년 6월 SQL 인젝션 공격으로 소니 픽처스를 해킹하여 수만 명의 개인정보를 탈취하였다. 핵티비즘은 마치 형식적으로는 불의한 세상의 악한 체계를 응징하는 것처럼 보이지만, 실제로는 자신들의 이익이 우선하는 것이다.

핵티비즘에 참여하는 해커는 상당한 수준의 해커들이다. 그런데 AI를 활용하면 해킹 능력은 상대적으로 중요하지 않다. 따라서 정치적 · 사회적 특정한 목적을 가진 사람들이 해킹이라는 수단을 쉽게 사용하여 핵티비즘으로 나아갈 수 있다. 생성형 AI는 순진한 만물박사와 같다. 생성형 AI에게 대놓고 특정 웹사이트를 해킹할 수 있도록 취약점을 발견하고 침투할 수 있는 코드를 만들어 달라고 하면 당연히 거부할 수 있다. 하지만 살살 달래서 우회적으로 물어보면 술술 이야기해 줄 수도 있다. 생성형 AI는 기본적으로 윤리적이거나 불법적인 프롬프트에 대해서는 응답하지 않게 되어 있지만, 해커는 우회적인 방법을 통해 자신이 원하는 코드를 생성할 수 있다. 그런 사람들이 정의라는 이름으로 집단을 이뤄 자신들의 사적 이익을 관철하기 위해 핵티비즘을 사용한다면 사회 곳곳에 상당한 혼란이 나타날 수 있을 것이다.

참고문헌

박연신(2023.8.11). 인공지능 악용한 사이버 공격 급증…랜섬웨어 공격과 데이터 절도, 메일 공격은 464% 증가. ≪AI타임즈≫, https://www.aitimes.kr/news/articleView.html?idxno=28715

안병태·정화영(2023). 『4차 산업혁명과 미래사회』 길벗캠퍼스.

원동욱(2023.7.15). AI로 감쪽같이 합성…실제와 똑같은 가짜에 눈뜨고도 당한다 [해킹의 진화, AI가 당신을 노린다]. ≪중앙일보≫, https://www.joongang.co.kr/article/25177455#home

이원상(2023), 인공지능을 활용한 해킹 범죄에 대한 소고, ≪영남법학≫ 제57호.

황정우·임화섭(2016.3.16). 인공지능 세뇌의 위험…MS 채팅봇 '테이' 차별발언으로 운영중단(종합2보). ≪연합뉴스≫, https://www.yna.co.kr/view/AKR20160325010151091

AI리포터(2023.4.11.). AI가 내 비밀번호를 1분 만에 해킹한다고?. ≪디지털투데이≫, https://www.digitaltoday.co.kr/news/articleView.html?idxno=473794

데일리시큐, https://www.dailysecu.com

IBM(2024.4.5). 빅데이터란 무엇인가요?. https://www.ibm.com/kr-ko/topics/big-data-analytics

06
해커들의 놀이터: 다크넷

우리 사회에서 범죄자 자주 발생하는 지역을 '우범 지대'라고 한다. 사이버 공간에서도 우범 지대가 있다. 바로 다크넷이다. 다크넷에서는 각종 범죄가 판매되고 있다. 특히 해커들은 다크넷에서 해킹 수단과 해킹 방법, 해킹 대상을 거래한다. 다크넷은 누구나 접속할 수 없고, 접속하더라도 바로 해커들에게 접근할 수 있는 것은 아니다. 이 순간에도 다크넷에서는 해커들이 다음 사이버 공격 목표를 찾고 있다.

인터넷 웹의 이해

다크 웹을 이해하려면 우선 인터넷 웹(Web)에 대해 이해해야 한다. 웹은 월드 와이드 웹(World Wide Web)의 줄임말이다. 과거 PC 통신을 사용해 본 사람은 알지만, 컴퓨터가 인터넷에 연결되어 있다고 해서 정보를 검색하고 인터넷을 사용하는 것이 그다지 편리한 것은 아니었다. 모든 정보는 텍스트로 표현되고, 인터넷을 사용하는 방법도 프롬프트가 나타나면 텍스트로 명령어를 입력해야 했다. 물론 텍스트가 주는 감성도 나쁘지는 않지만, 인터넷을 사용하는 것이 누구에게나 쉬운 것은 아니었다. 그러다 1989년 유럽입자물리연구소 연구원인 팀 버너스 리(Tim Berners Lee)가 월드 와이드 웹이라는 새로운 정보 공유 방안을 개발하였다. 웹은 전 세계에 인터넷으로 연결된 서버들이 하이퍼텍스트(Hypertext) 기반의 정보를 구축하여 누구나 쉽게 정보를 공유할 수 있도록 해 주는 방식이다. 정보는 HTML(Hypertext Markup Language)을 통해 표현되고, HTTP(Hypertext Transfer Protocol)라는 통신 프로토콜을 사용하여 전송된다. 그리고 에지나 크롬, 사파리와 같은 웹 브라우저를 통해 누구나 쉽게 웹의 정보를 사용할 수 있다. 지금 남녀노소 누구나 쉽게 인터넷을 사용할 수 있게 된 것은 웹의 공로다.

다크 웹의 이해

일반적으로 시민들이 사용하고 있는 인터넷 환경은 대외적으로 공개되어 있다. 그러므로 웹사이트들은 구글이나 네이버를 통해 검색이 가능하고, 누구나 방문이 가능하다. 하지만 사이버 공간에는 특수한 기술과 암호, 허가 절차가 필요하여 일반 시민들은 쉽게 접근할 수 없는 영역이 있다. 그 영역을 '다크넷(Darknet)'이라고 한다. 정확히 말하자면 시민들의 접근이 극히 어려운 영역은 '다크 웹(Dark Web)' 영역이라고 할 수 있다. 다크넷은 토르(The Onion Router, TOR) 등을 설치하면 접속은 가능하기 때문이다. 인터넷의 층위는 표층 웹(Surface web), 심층 웹(Deep Web), 다크 웹(Dark Web)으로 구분될 수 있다. 그중 일반 시민들이 접근할 수 있는 웹은 심층 웹까지며, 다크넷을 통해서 접근할 수 있는 다크 웹은 소수만이 접근 가능하다. "다크넷 수사를 위한 수사제도에 대한 소고(이원상, 2020)" 논문에 따르면 전체 인터넷 영역 가운데 표층 웹이 9.99%, 심층 웹이 90%, 그리고 다크 웹이 0.1% 정도를 차지하고 있다고 추정된다.

다크넷의 출발점은 1970년대 아파넷에서 보안이 보장되는 군사 및 의료 네트워크를 운영하기 위해서였다. 그러다가 1990년 미군해군연구소에서 '어니언 라우팅

(Onion Routing)'을 개발하여 네트워크상에서 익명성을 보상하는 기술을 개발하면서 본격화되었다. 그런데 문제는 미국 정부만이 이 기술을 사용하게 되면 익명성에도 불구하고 오히려 그 정체가 드러날 수 있으므로 미국 정부는 오픈 소스 라이선스로 이 기술을 공개하였다. 이것이 바로 '토르'다. 하지만 토르는 그 본래 목적과는 달리 다크넷이라는 어둠의 문을 활짝 열었다. 다크넷은 표준 프로토콜을 사용하지 않고, IP주소가 공유되지 않는 등 일반적인 네트워크와는 구분되어 누구나 접속할 수 있는 곳이 아니다. 다크넷은 대표적으로 토르, I2P(Invisible Internet Project), 프리넷(Freenet) 등 익명성이 보장되는 암호화 프로그램을 설치하여 접근이 가능하다. 예를 들어, 토르를 통해 네트워크에 접속하는 과정을 보면 토르가 설치된 클라이언트 컴퓨터가 목표 서버에 접속하기 위해 먼저 서버1로부터 클라이언트 컴퓨터로부터 IP 주소를 받아 암호화하여 서버2에 연결시킨다. 이때 서버2는 클라이언트 컴퓨터를 노드(Node)로만 인식하고 다른 정보는 암호화되어 알 수 없다. 그리고 서버2는 노드로서 서버 3만을 알 수 있다. 그래서 클라이언트 컴퓨터는 암호화된 채 서버3에 접속된다. 종료 노드(Exit Node)인 서버3은 요청된 대상 페이지가 있는 웹서버에

연결한다. 종료 노드에서는 '.onion'으로 끝나는 서비스에 접속할 수 있다. 이때, 접근하려는 딥(Deep) 웹페이지가 저장된다. 해당 웹서버는 종료 노드의 IP 주소만 알고 있으며, 클라이언트 컴퓨터와의 데이터 패킷은 암호화된다. 즉, 웹사이트는 종료 노드의 주소만을 알고 개별 인스턴스는 가장 가까운 이웃만 알고 있으므로 익명이 유지된다. 따라서 다크 웹은 토르와 같은 특정한 웹브라우저로만 접근할 수 있으며, 구글이나 네이버 등과 같은 일반적인 검색 엔진으로는 검색할 수 없다.

암호 화폐

다크 웹에서 거래되는 물품이나 용역에 대한 대가는 비트코인 등과 같은 암호 화폐가 사용된다. 암호 화폐는 "블록체인 기술을 기반으로 암호를 사용하여 새로운 코인을 생성하거나 거래를 안전하게 진행할 수 있도록 매개하는 화폐"를 의미한다. 다만, 암호 화폐(Cryptocurrency), 가상 화폐(Virtual Currencies), 암호 통화나 가상 통화 등 다양한 용어가 사용되고 있다. 또한 공식 발행 기관이 없으므로 법정 화폐인 현금이나 전자 화폐(Electronic Money)와도 구분되는 개념이다. 유럽은행감독청은 암호 화폐를 "중앙은행이나 공공 기관에 의해 발행되거나 필연적으로 법정 화폐와 연관되어 있지는 않지만, 자연인이나 법인에 의해 지불수단으로 사용되며 전자적으로 이전, 저장, 및 교환되는 디지털 가치척도"라고 정의하였다. 그런 가운데 최근 개정된 「특정 금융거래정보의 보고 및 이용 등에 관한 법률」 제2조 제3호에 따르면 "'가상자산'이란 경제적 가치를 지닌 것으로서 전자적으로 거래 또는 이전될 수 있는 전자적 증표(그에 관한 일체의 권리를 포함한다)를 말한다"라고 정의하고 있다. 따라서 한국에서 비트코인은 법적으로 인정받는 화폐도 아니고 일반적으로 통용될 수 있는 통화도 아니며, 자산의 한 유형으로 법적 지위를 얻게 되었다. 다만, 한국에서도 일반적으로 다크넷 시장에서는 암호 화폐가 화폐로서 역할을 한다.

다크넷 생태계에서 암호 화폐는 주요한 거래 수단이다. 이는 가상 자산의 탄생 배경이 국가나 금융 기관의 통제를 벗어나서 개인과 개인이 자유롭고 안전하게 결제를 하기 위한 것에 기인한다. 물론 지금은 그 이상과는 달리 업비트나 빗섬 등과 같이 가상 자산 거래소를 통해 현금화되어 사용되지만, 본래 취지대로라면 거래소 없이 개인과 개인이 장소적 한계나 수수료 등의 부담 없이 사용할 수 있다. 문제는 그와 같은 특성이 긍정적으로 활용되기보다는 범죄 자금 세탁이나 세금 포탈, 범죄 대금 등을 위해 사용된다는 것이다. 따라서 암호 화폐는 다크넷 생태계에서 범죄 자금이 수사 기관의 추적을 회피하기 위한 주요 요소가 된다.

불법 거래

본래 다크넷은 당사자 간의 신뢰를 근거로 피어 투 피어(peer to peer) 방식으로 폐쇄적인 정보 공유를 목적으로 삼고 있었다. 그래서 일반적으로 사용되고 있는 표준 프로토콜 및 포트를 사용하지 않고, IP 어드레스도 공유하지 않도록 철저하게 익명화하여 정부나 외부의 간섭을 피하도록 설계되어 있다. 그런데 그와 같은 폐쇄적이고 익명화된 환경에 암호 화폐의 거래 수단이 결합하면서 불법의 온상이 되었다. 가장 대표적으로 다크넷에서는 마약 등과 같은 불법 약물 거래가 전 세계를 대상으로 이루어지고 있고, 상당수가 그곳에서 마약을 구매하고 있다. 독일에서는 프랑크푸르트 검찰이 2019년 6월 '화학 혁명(Chemical Revolution)'이라는 다크넷에서 마약을 판매했던 11명을 체포하여 재판에 넘겼다. 거래는 비트코인을 통해 이루어졌으며, 2017년 9월에서 2019년 2월까지 이루어졌고, 거래액은 1백만 유로가 넘는 것으로 추산되고 있다. 한국에서도 다크넷 사례는 주로 마약과 관련을 맺고 있다. 2016년 다크넷을 통한 마약 거래가 처음으로 적발된 이후, 한국은 더 이상 마약 청정국이 아니다. 다크넷에서는 마약 외에도 불법 금융, 불법 아동 음란물, 총기 등 무기류, 해킹 툴, 개인정보 등과 같이 다양한 불법 거래 재화들이 거래되고 있다. 그뿐 아니라 살인 청부, 폭력 사주, 인신매매 등과 같이 불법 용역도 거래되고 있다. 러시아 경찰은 다크넷을 통해 청부살인된 사건을 수사하기도 하였다. 예를 들어, 불법 아동 음란물은 표층넷, 심층넷, 다크넷 모두 문제가 되고 있다. 과거에는 표층넷에서 불특정 다수를 대상으로 아동 음란물이 유포되었다면, 'n번 방 사건'과 같이 특정한 대상에게 비밀 SNS와 같은 심층넷을 통해 유포되는 경우도 있다. 다크넷은 심층넷 보다 더욱 비밀스럽고 은밀한 방법으로 아동 음란물을 유포시키는 형태로서 '웰컴 투 비디오' 사건처럼 다크넷상의 수요자를 대상으로 한다. 다크넷 서버는 세계 곳곳에 퍼져 있고, 운영자도 전 세계에 걸쳐 있으며, 사용자 또한 전 세계인이다. 따라서 수사기관이 불법 거래에 대응하는 것이 매우 어려운 상황이라고 할 것이다.

다크넷 생태계 정리

다크넷 생태계를 정리해 보자면, 다크넷은 토르라는 다크 웹 브라우저로 접근할 수 있으며, 비공개 프로토콜과 포트를 사용하고, IP 주소도 공유되지 않으므로 지극히 익명화된 네트워크다. 그래서 누구나 접근할 수 없는 사이버 공간이고, 주로 범죄를 목적으로 하는 사람들이 모여드는 사이버 공간이 되었다. 따라서 다크 웹에서는 주로 마약, 불법 무기, 아동 음란물, 해킹 툴, 개인정보 등 불법 재화와 살인 청부, 폭력 사주, 자금 세탁, 인신매매 등 불법 용역 거래가 활발하게 이루어지고 있다. 그리고 거래는 블록체인에 기반한 암호 화폐를 사용한다. 암호 화폐는 전 세계적으로 통용이 가능하고, 현금화가 가능하며, 암호화로 인해 자금 추적이 쉽지 않다. 이와 같이 다크넷 생태계는 범죄를 위한 완벽한 환경을 구축하고 있다.

그러나 다크넷도 인간이 만든 기술이기 때문에 토르 등과 같은 기술에 결함이 존재할 수 있고, 범죄에 가담하는 사람들 서로 간의 신뢰성이 깨어지기 쉽다. 또한 암호 화폐의 현금화에 따른 자금 추적 가능성이 높고, 언더커버 수사나 추적 기술을 통해 수사 기관이 수사할 수 있는 가능성도 존재한다. 그러므로 다크넷에 대한 대응의 핵심은 다크넷 생태계가 결코 안전하지 않다는 것을 범죄자들에게 인식시켜 주는 것이다.

참고문헌

강환수 외(2023). 『AI시대의 컴퓨터 개론』. 인피니티북스.

김성환(2016.10.18). 인터넷 암시장 '다크넷'…한국도 위험하다. ≪한국일보≫, https://www.hankookilbo.com/News/Read/201610180434327122

네이버 시사상식사전. 다크 웹. https://terms.naver.com/entry.nhn?docId=3325516&cid=43667&categoryId=43667

박웅신·이경렬(2018). 다크넷 범죄 현상과 형사법적 대응방안. ≪형사법의 신동향≫, 제58호, 대검찰청.

서태욱(2017.5.17). 추적불가 '다크넷' 타고 무너진 마약 청정국…3개월새 2000명 검거. ≪매일경제≫, https://www.mk.co.kr/news/society/view/2017/05/329274

오승규(2020). 가상화폐에 대한 과세 가능성 검토. 4차산업혁명융합법학회 2020년 제1차 법정책현안 세미나 발제문.

이원상(2020). 다크넷 수사를 위한 수사제도에 대한 소고. ≪형사법의 신동향≫ 제69호.

이현주(2016.10.19). '다크넷' 통한 마약 매매범죄 첫 적발. ≪한국일보≫, https://www.hankookilbo.com/News/Read/201610191672161869

최혁재(2017). 다크넷과 불법약물거래(1). ≪약학정보원≫.

BBC(2019.3.30). Russia police probe 'dark net' murder case. https://www.bbc.com/news/technology-47747357

European Banking Authority(2014). EBA Opinion on 'virtual currencies'.

G DATA Guidebook. What actually is the Darknet?. https://www.gdata-software.com/guidebook/what-is-the-darknet-exactly

Marie Huillet(2020.8.5.) Germany: Alleged Darknet Druglords on Trial for Bitcoin Narcotics Trade. *COINTELEGRAPH NEWSLETTER*, https://cointelegraph.com/news/germany-alleged-darknet-druglords-on-trial-for-bitcoin-narcotics-trade

07
흑화한 AI: 다크 AI

AI 자체에는 선과 악이 존재하지 않는다. 하지만 인간의 의지가 개입하게 되면 선한 의지는 AI를 선한 도구로 만들고, 악한 의지는 AI를 흑화시켜 범죄 도구로 만든다. 일부 악한 의지를 가진 사람들은 '다크 챗GPT'처럼 생성형 AI를 범죄 도구화시키고 있다. 해커들은 자신의 이익을 위해 흑화한 AI를 활용하여 사회 위험을 증대하고 있다. 그에 대응하여 '다크버트'와 같은 대응책도 만들어졌다. AI 칼과 AI 방패의 전쟁이 일어나고 있다.

흑화한 AI를 이용한 사기 범죄에 대응

해커들은 챗GPT를 흑화시켜 어떤 보안이라도 뚫을 수 있도록 '다크 챗GPT'를 만들었다. 비단 다크 챗GPT를 사용하지 않더라도 해커들은 생성형 AI를 범죄의 수단으로 적극 사용한다. 아날로그 범죄 가운데는 생성형 AI를 적극적으로 활용하는 사기 범죄 및 금융 범죄가 더욱 고도로 증가할 것이다. 이에 대응하려면 다음과 같은 노력이 필요하다. 첫째로, 고도화하는 딥페이크, 딥보이스, 가짜 정보 등에 대응하는 방안이 모색되어야 한다. AI 기술이 반영된 콘텐츠는 실재와 가짜를 구분하기 쉽지 않다. 그러므로 생성형 AI에 의해 생성된 정보에 대해서는 워터마크 등 식별 표시를 의무화할 필요가 있다. 생성형 AI를 활용한 정보에 'ai'나 'ai-generated' 등의 워터마크를 표시하여 사용자가 해당 정보를 이해할 때 오인이나 혼동을 방지해 줄 수 있을 것이다. 최근 일부 유튜브 영상에서 자발적으로 표시된 것을 볼 수 있다. 세계 최초 AI 규범인 'EU 인공지능법'에서도 워터마크를 의무화하도록 규정하였다. 한국도 콘텐츠산업진흥법 일부 개정안이나 인공지능 책임 및 규제 법안, 저작권법 일부 개정안 등에서 워터마크 의무를 규정하였으나 법제화되지 못하였다. 워터마크를 표시하는 방법에 대해서는 조금 더 논의가 필요하지만, 사기 범죄를 방지하기 위해서라도 워터마크 표시 의무는 법제화될 필요가 있다. 다만, 워터마크 표시도 위·변조가 가능하므로 결정적인 대응 방법은 아니고, 낮은 수준의 사기 범죄를 방지하기 위한 기초적인 방안에 불과하다.

둘째로, 생성형 AI를 활용하여 흑화한 AI를 방어하는 방안이다. 구체적인 예로 AI를 도입한 마스터카드는 사기 행위가 80%까지 감소했고, 분석 소프트웨어 회사인 페어아이작(FICO)도 사기를 70%까지 감소시켰다고 한다. 또한 AI를 활용하여 이상 금융 거래 탐지 시스템을 구축하는 방법도 제시되고 있다. 기존의 '이상 징후 탐지 시스템(Fraud Detection System, FDS)'의 한계를 극복하여 시나리오와 AI가 결합한 하이브리드 기반 지능화 탐지 모델을 통해 정보통신과 결합한 고도의 사기 범죄를 탐지하는 방안이다. 이처럼 고도화하는 사기 범죄에 대응하여 생성형 AI를 방패로 사용하는 방안이 적극적으로 모색되고 있다.

셋째로, 생성형 AI를 사기 범죄에 대응한 형사 사법 절차에서 활용하는 방안이 있다. 형사사법기관이 생성형 AI를 사용하려면 기밀 데이터가 유출될 수 있으므로 해당 기관에 특화된 생성형 AI를 만들고, 기밀 데이터가 유출되지 않아야 한다. 그와 같은 제약 속에서 형사사법기관은 생성형 AI를 형사정책에 활용하기 위해 노력해야 한다. 최근 검찰과 경찰은 수사 효율성을 높이기 위해 형사사법정보시스템(KICS)에 보유한 데이터를 학습한 자체 생성형 AI를 개발하여 사건 처리 단계별로 활용하고, AI 조서 시스템을 도입해 운영할 계획이다. SKT와 과학기술정보통신부 등 6개 부처가 양해각서(MOU)를 맺고 금융감독원, 국립과학수사대 등으로부터 보이스피싱 통화 데이터를 받아서 보이스피싱에 대응하는 생성형 AI를 개발한다. 그러나 형사사법기관에서 활용할 생성형 AI가 성공하기 위해서는 충분한 예산과 자체적인 전문 인력이 확보되어야 한다. 생성형 AI 개발을 위해서는 높은 비용의 그래픽처리장치(GPU)가 필요하다. 개발된 생성형 AI를 운영하는 비용도 만만치 않으므로 그에 대한 비용도 고려해야 한다. 그와 함께 생성형 AI의 발전 속도에 맞게 형사사법기관의 생성형 AI를 유지 · 보수 · 개발해야 하므로 관련 전문가를 확보해야 한다. 그러므로 일회적인 연구와 투자에 그쳐서는 안 될 것이고, 지속적인 관심을 가지고 생성형 AI를 관리 · 감독해야 효과를 발휘할 수 있다.

AI 클론에 대한 대응

해커는 생성형 AI를 이용하여 특정인의 AI 클론을 만들어 낼 수 있다. 최근 개인들이 생성형 AI를 사용하면서 개인 데이터가 생성형 AI에 축적되므로 가능한 일이다. 생성형 AI가 스마트폰 등 개인 정보통신기기 안으로 들어와서 개인에게 맞춤화하고 있다. 이를 '온디바이스(On-Device) AI'라고 하는데, 데이터를 클라우드 서버로 전송하여 생성형 AI를 이용하는 것이 아니라 사용자 개인 기기에 생성형 AI 모델을 저장하여 딥러닝이나 컴퓨팅을 실행하는 것을 의미한다. 예를 들어, 웹툰 작가가 스테이블 디퓨전을 통해 자신의 그림체가 있는 웹툰을 생성하기 위해서 기본적으로 스테이블 디퓨전 파운데이션 모델(Foundation Models)을 다운받고, 미세조정(Fine-Tuning)을 할 수 있는 '저순위 적응 미세조정(Low-Rank Adaptation, LoRa)'을 통해 자신의 그림체를 개인 컴퓨터에 있는 스테이블 디퓨전에 적용하면 자신의 그림체가 반영된 AI 그림을 생성할 수 있게 된다. 여기서 '로라(LoRa)'란 모델의 파라미터 수를 줄여서 효율성을 높여 고성능 하드웨어가 없이도 모델의 성능을 향상할 수 있도록 하는 방법이다. 교육 데이터 평가나 금융 데이터 예측, 의료 데이터 분석 등 다양한 분야에서 적용할 수 있는 방법이다. 최근 삼성전자에서 새로 발표한 스마트폰이나 애플 사에서 새로 나올 스마트폰에는 온디바이스 AI가 적용된다. 온디바이스 AI는 사용자의 생활 정보를 디지털화하고 분석하여 생성형 AI를 사용자에게 특화된 서비스를 제공한다. 따라서 사용자 스마트폰 속 AI는 사용자의 모든 삶의 정보를 학습하여 결국 사용자의 인격 자체가 될 수 있다. 해커가 개인에게 특화된 사용자의 온디바이스 AI를 탈취하는 경우 단순히 개인정보를 침해하는 수준이 아니라 사이버 공간에서 그 사용자처럼 행동할 수 있다. 즉, 사용자의 디지털화된 인격 자체가 전부 사이버 공간으로 올라갈 수 있으므로, 범죄자는 AI 클론을 범죄 도구로 사용할 수 있을 것이다. 이것은 개인정보 침해 차원을 넘어서 개인의 인격 자체를 탈취하는 행위가 되는데, 현행 개인정보 보호법에는 그에 대한 고려가 없다. 따라서 온디바이스 AI로 인한 인격 탈취 문제를 법률에 포함할 필요성이 있다.

다크 AI에 대한 대응

생성형 AI가 대중화되고, 범죄에 활용되는 것에 대응하여 형사 정책 영역에서도 계속해서 생성형 AI를 분석하고, 형사 정책에 활용하는 방안을 모색할 필요가 있다.

생성형 AI를 활용하는 해커들에 대해 기술적 수단으로 생성형 AI를 활용하는 방안이다. 대표적인 예로 한 사이버 보안 스타트업 기업과 카이스트대학교가 공동 개발한 다크 웹 전용 AI 언어 모델인 '다크버트(DarkBERT)'가 있다. 다크버트는 다크 웹 데이터로 사전 학습된 언어 모델로서 다크 웹의 특수한 어휘 및 언어 구조에 대응하기 위한 언어 모델이다. 다크버트는 AI가 비구조적이고 복잡한 사이버 보안 관련 정보에 포함된 비언어적 요소(URL, 해시값 등)를 활용하여 학습하고, 그를 통해 다크 웹상의 범죄에 대응하는 방안을 제시한다. 다크버트를 통해 다크 웹 페이지를 사이버 범죄 유형에 따라 빠르게 분류하고, 랜섬웨어 유출 사이트를 탐지한다. 또한 다크 웹 포럼에서는 불법 정보와 관련된 정보를 공유하고, 사이버 범죄자들이 사용하는 은어와 언어를 이해하여 위협 키워드를 추론할 수 있다. 다크 웹에서는 해킹을 포함해서 불법적인 정보가 유통되고 거래되고 있지만, 특수한 브라우저를 통해 접속해야 하고, 다크 웹에 접속하더라도 사이버 범죄와 관련된 사이트에 접속하기가 매우 어렵다. 수사 조직에서는 다크 웹 전담 수사팀이 필요하다는 주장도 제기되고 있지만, 전담 수사팀이 조직되더라도 다크 웹의 기술상 특성으로 인해 기존의 수사 방법으로는 대응하기 쉽지 않다. 그러므로 다크버트와 같이 다크 웹에 대응할 수 있는 AI를 활용하는 것이 필수 불가결하다고 할 수 있다.

규범적인 차원에서도 대응 수단을 마련해야 한다. 우선 생성형 AI를 활용하는 해킹 범죄를 규범에 정합적으로 반영해야 한다. 독일처럼 해킹 범죄를 형법전에 포함시켜 일반화하거나 정보통신망법에 통일적으로 규정하는 방안을 모색할 수 있다. 그에 더하여 생성형 AI를 활용하는 해킹 범죄에 대해 법정형을 상향할 필요가 있다. 과거에는 단순 해킹 범죄의 행위 불법은 높지 않았으므로 형사 처벌 대상이 아니었다. 그러나 단순 해킹 범죄의 행위 불법이 인정된 후, 현행 정보통신망법은 단순 해킹 범죄도 5년 이하의 징역 또는 5천만 원 이하의 벌금으로 처벌한다(동법 제71조 제11호). 정보통신망에 장애를 발생하게 하거나 해킹 프로그램이나 기술 장치를 설치 · 전달 · 유포한 자도 동일하게 처벌한다(동법 제71조 제12조, 제13조). 악성 프로그램을 전달 · 유포하는 자는 7년 이하의 징역 또는 7천만 원 이하 벌금으로 다소 높게 처벌된다(동법 제70조의2). 그러나 정보화 사회가 발전하고, 사회 기반 시설뿐 아니라 일상생활이 사이버 공간과 융합되면서 해킹 범죄의 결과 불법이 매우 커지게 되었다. 해킹 범죄 결과는 아니지만, 크라우드스트라이크(CrowdStrike)의 보안 업데이트 오류가 원인이 되어 MS 클라우드 서비스 장애가 발생하였다. 그 결과 전 세계적으로 850만 대 정도의 컴퓨터가 영향을 받았으며, 항공 차질과 방송 중단, 은행 업무 불가 등의 문제가 발생하였다. 즉, 현대 위험 사회의 특징으로 인해 해킹 범죄로 인해 발생하게 되는 현실 사회의 위험이 점점 더 커지고 있다. 그러므로 해킹 범죄에 대한 현행 규정의 법정형을 상향해 해킹 범죄에 대한 불법의 변화를 반영할 필요성이 있다. 이에 더하여 앞으로 생성형 AI가 더욱 발달하면 해킹에 사용되는 생성형 AI 자체에 대한 형법적 판단 필요성과 체계 구축에 대한 모색이 필요하다.

참고문헌

강진규(2024.3.27). 새로운 유형 범죄 나온다…'다크 챗GPT' 위험성 경고. ≪디지털투데이≫, https://www.digitaltoday.co.kr/news/articleView.html?idxno=511178

김상국 외(2024). 대규모 언어 모델의 최적화를 위한 지시형 미세 조정과 LoRA 결합 접근법. ≪한국산업경영시스템학회지≫ 제47권 제2호.

박현진(2023.9.18). 에스투더블유, 다크웹 전용 AI 언어모델 '다크버트'....해외에서 관심 폭주. ≪AI타임스≫,

https://www.aitimes.kr/news/articleView.html?idxno=28945
소병수(2023). 미디어 영역에서 인공지능(AI) 기술의 확산과 제문제 – AI 창작물의 혼동 및 권리침해 방지를 위한 워터마크 등 식별조치를 중심으로. ≪원광법학≫, 제39권 제3호.
신용아(2022.9.18).[단독] 경찰, 디지털성범죄 잡을 'AI 경찰관' 개발한다. ≪서울신문≫, https://www.seoul.co.kr/news/newsView.php?id=20220918500071
오승해(2019.4.8). 인공지능으로 사기 탐지한다…"AI, 경제 범죄 방지에 혁혁한 전과 올려". ≪AI타임스≫, https://www.aitimes.com/news/articleView.html?idxno=46955
이승우(2024.6.3). "수상한 전화 실시간 판별"…보이스피싱 잡는 AI 나온다. ≪한국경제신문≫, https://www.hankyung.com/article/2024060326551
이원상(2024). 생성형 인공지능의 범죄 위험성 예측 및 형사정책적 대응방안. ≪비교형사법연구≫.
정의석·임종인(2019). 전기통신금융사기 사고에 대한 이상징후 지능화(AI) 탐지 모델 연구. ≪정보보호학회논문지≫, 제29권 제1호.
홍승표(2023). 범죄현상에 있어 생성형 AI의 명과 암. ≪한국민간경비학회보≫, 제22권 5호.

08
해킹 방어 체계와 화이트 해커

해킹을 방어하기 위해 정보 보안이 필요하다. 정보 보안은 제도적, 관리적, 기술적, 인적 요소들이 필요하다. 현재 우리나라는 민간 부문과 공공 부문을 나누는 체계를 가지고 있으며, 블랙 해커에 대응하여 화이트 해커를 양성하기 위해 노력하고 있다. 화이트 해커는 외적으로 블랙 해커와 동일하지만, 내적인 목적에서 차이가 있다.

정보 보안의 개념

해킹과 대척점에 있는 개념으로 '정보 보안'이 있다. 이를 알기 위해 먼저 보호(Protection)와 보안(Security), 안전(Safety) 개념을 이해할 필요가 있다. 보호란 '위험 및 위해로부터 특정한 장소가 피해를 보는 것을 방지하는 방안'이다. 보안이란 '허용된 사람만 특정 장소에 접근하도록 보장하고 그 장소를 보호하기 위해 사용하는 모든 방법'이다. 안전이란 '위험 및 위해로부터 안전한 상태'다. 그러므로 세 개념의 관계는 보호는 목적이 되고, 보안은 수단이 되며, 안전은 목적과 수단이 적용된 현 상태를 의미한다. 여기에 목적에 정보를 넣으면 정보 보호, 정보 보안이 된다. 이를 해킹과 연결하여 이해하면 정보 보호의 궁극적인 목적은 해킹으로부터 정보가 침해되는 것을 방지하기 위해 정보 보안 활동을 하고, 그로 인해 정보를 보호하여 안전을 보장하는 것이다. 정보 보호가 강력하면 안정성은 높아지지만 가용성이 나빠지고, 약하면 반대로 가용성은 좋아지지만 안정성은 나빠진다. 그래서 정보 보호는 그 사이에서 균형을 이룰 수 있도록 해야 한다.

정보 보호를 위해서는 물리적 보안, 인적 보안, 운용 보안, 통신 보안, 네트워크 보안, 정보 보안 등 보안 수단이 필요하다. 물리적 보안은 물리적인 정보통신시스템을 불법적인 접근으로부터 물리적으로 보호하는 것이다. 인적 보안은 정보통신시스템에 정당하게 접근할 수 있는 개인 또는 집단을 보호하는 것이다. 운용 보안은 정보통신시스템을 운용하는 일련의 절차나 과정을 보호하는 것이다. 통신 보안은 정보통신망과 연결되는 미디어, 기술, 통신 내용 등을 보호하는 것이다. 네트워크 보안은 정보통신시스템과 연결되어 있는 네트워킹 요소, 상태, 통신 내용 등을 보호하는 것이다. 그리고 정보 보안은 정보통신시스템의 정보 자산을 보호하는 것이다. 이를 조금 더 단순히 분류해 보면 조직의 정보 보안을 위해 관리 절차 · 규정 · 대책을 세우는 '관리적 보안', 정보통신시스템에 적용되는 기술을 활용하는 '기술적 보안', 설비 · 시설에 대한 물리적 위협으로부터 보호하는 '물리적 보안'으로 구분할 수 있다. 이와 같은 보안 수단들이 유기적으로 작동을 해야만 해킹으로부터 정보통신시스템을 보호할 수 있게 된다.

여기서 정보 보안이란 가치 있는 유형 및 무형자산을 도난 · 소실 · 유출로부터 보호하는 것을 의미한다. 그보다 넓은 개념이 정보 보호다. 미국의 CNSS(Committee On National Security Systems)의 정의에 따르면 정보

보호란 "정보를 사용하고, 저장하고, 전송하는 시스템과 하드웨어 및 정보와 중요한 요소를 보호하는 것"을 의미한다. 쉽게 말해 정보통신시스템이 온전히 제 기능을 할 수 있도록 물리적 · 소프트웨어적으로 보호하는 수단인 것이다. 미국 표준기술연구소(National Institute of Standards and Technology)가 제정한 NIST SP 800-33에서는 정보 보안 기술 모델의 핵심 3원칙으로 기밀성(Confidentiality), 무결성(Integrity), 가용성(Availability)을 제시하였다. 기밀성은 인가된 사람만이 정보통신시스템에 접근할 수 있도록 하여 정보 내용을 아무나 알 수 없게 하는 것이다. 무결성은 정보를 인가된 사람만이 변경할 수 있고, 허용되지 않은 변경으로부터 보호하는 것이다. 가용성은 정당하게 정보통신시스템을 사용하는 사람이 방해받지 않고 사용할 수 있도록 보장해 주는 것이다. 여기에 책임 추적성(Accountability), 보증(assurance), 인증(Authentication), 부인 방지(Nonrepudiation), 소유권(Possession), 정확성(Accuracy), 활용성(Utility) 등 새로운 요소들을 추가하여 현재의 정보 보호 체계에 맞게 모델을 확장하기도 한다.

한국의 사이버 보안법 체계

우리 사이버 보안 관련 법률 체계는 핵심 법률을 중심으로 생태계를 구축하고 있는 것이 아니라, 공공 부문과 민간 부문이 구분되고, 부문별로 적용 범위와 추진 체계가 분산되어 있는 분산형 체계를 이루고 있다. 그에 따라 사이버 보안에 대한 공공 부문은 국가정보원, 국방 부문은 국방부, 민간 부문은 과학기술정보통신부가 총괄하며, 국가 주요 기반 시설에 대한 대응은 대개 민관 합동으로 대응하는 체계를 이루고 있다. 이처럼 분산된 체계는 사이버 보안법 제도와도 관련을 맺는다. 따라서 우리 사이버 보안법 제도의 체계는 구축 초기부터 공공 부문과 민간 부문이 이원화된 체계로 구성되었다. 이런 구조로 인해 우리 사이버 보안법 제도는 해외 주요 국가들의 법 제도와 비교해 볼 때 체계 완결성이 다소 미흡하다는 점이 지적된다.

우리 사이버 보안 법체계를 살펴보면, 정부 시안 수립이나 주요 정보 통신 기반 보안, 정보 보호 시스템 평가 및 인증과 관련해서는 공공 부문과 민간 부문이 동일하다. 그러나 침해 사고 대응, 사이버 보안 대책 및 조치, 전자서명 및 개인정보 보호에 관한 부분은 구분되는 구조였다. 2020년 6월 9일 전부개정을 통해 「국가정보화 기본법」은 「지능정보화기본법」으로 개정되고, 2011년 3월 29일 「개인정보보호법」이 제정되면서 「공공기관개인정보보호법」이 폐지되고, 정보통신망법상 관련 규정이 이관되면서 개인정보 보호에 관한 부분도 공공 부문과 민간 부문이 동일하게 되었다. 따라서 「개인정보보호법」은 사이버 보안 법체계 내에서 개인정보 보호를 위한 하부 체계로 새롭게 구축된 전문법 체계의 예라고 할 수도 있다.

이처럼 처음부터 사이버 보안 법체계는 통합적인 구조로 시작되지 않았다. 그러므로 사이버 보안 전반을 아우를 수 있는 사이버 보안과 관련된 기본법과 같은 역할을 하는 법률은 사실상 없다고 할 수 있다. 이와 같이 분산된 법체계에서 공공 부문 사이버 보안의 핵심이 되는 규정은 「국가사이버안전관리규정」이고, 민간 부문은 「정보통신망이용촉진및정보보호등에관한법률」이며, 공공 부문과 민간 부문의 주요 기반 시설에 대한 정보 보안은 「정보통신기반보호법」이라고 할 것이다. 다시 말해, 사이버 보안과 직접적인 관련을 맺는 법령으로는 「국가사이버안전관리규정」, 「정보통신망이용촉진및정보보호등에관한법률」, 「정보통신기반보호법」 등이 있으며, 간접적으로 사이버 보안에 영향을 미칠 수 있는 법령으로는 「

정보보호산업법」과 「정보통신융합법」 등이 있다. 그런데 한국의 사이버 보안과 관련된 법 생태계의 취약점은 해당 생태계의 구심점이 될 수 있는 기본법이 없이 단지 분산되어 각각의 기능을 수행하고 있다는 것이다. 그로 인해 법령 간 정합성을 유지하는 것이 어렵고, 전략적 · 효율적으로 사이버 보안 문제에 대응하는 것에 한계가 발생할 수 있다. 그러므로 소위 「사이버보안기본법」을 제정하여 해당 법률을 기반으로 국가 사이버 보안법 생태계를 강화하여 구축할 필요성이 있다. 다만, 한국 법체계에서 대한민국 헌법은 우위적 지위를 갖는 것에 반해 다른 법률들은 동등한 지위를 갖고 있다. 그러므로 기본법의 지위가 다른 법률에 비해 우월한 지위를 갖지 못한다. 따라서 신법과 특별법 우선 원칙이 적용되는 경우 기본법과 배치되는 법률이 우선 적용될 수 있게 된다. 그러므로 입법부는 「사이버보안기본법」을 만들더라도 관련 법률들이 그 법을 중심으로 정합성을 유지하여 실질적인 기본법이 될 수 있도록 노력해야 한다.

사이버 보안관: 화이트 해커

사이버 보안의 핵심은 인적 자원인 해커다. 본래 해커는 긍정적인 의미였다. 하지만 해커라는 의미가 부정적으로 사용되면서 사이버 보안에서는 그와 구분되는 개념이 필요하게 되었다. 그래서 등장한 것이 '화이트 해커'다. 영화 〈300〉(2014)을 보면 주인공과 그 동료들은 300명이라는 소수로 페르시아 대군에 맞서 길목을 차단하고 있었다. 하지만 내부의 한 부하의 배반으로 결국 비밀 통로가 페르시아군에게 알려지고, 결국 패배하게 된다. 정보 보호에서도 인적 요소가 매우 중요하다. 그래서 조직은 정보 보안 정책을 수립하고, 교육 및 훈련 등을 통해 조직 내 구성원이 의도하지 않게 사회 공학적 공격(social engineering attack)으로 정보 보안이 뚫리는 것을 방지한다. 이는 정보 보호를 위한 일반적인 인적 요소라고 할 수 있다. 그런데 그와 함께 또 다른 특수한 인적 요소가 필요하다. 고도의 기술로 침입하는 블랙 해커에 대응하여 정보 보안을 지킬 수 있는 대응 전문가인 화이트 해커를 양성하는 것이다.

화이트 해커란 "모의 해킹(penetration testing)이나 다른 취약점 점검 등의 기법을 통해 취약점을 식별하거나 취약점 패치에 주력하는 윤리적 성향의 전문적인 보안 전문가"로서 블랙 해커와 대비하여 '화이트 햇 해커(white-hat hacker)' 또는 '화이트 햇(white hat)'으로 불린다. 객관적인 측면에서는 타인의 네트워크에 침입하여 취약점을 알아낸다는 점에서 블랙 해커와 동일하지만, 주관적인 측면에서 보안 취약점을 파악하여 개선하기 위한 공익적 목적이 있으므로 악의적 · 범죄적 목적으로 해킹하는 블랙 해커와 구분된다. 또한 화이트 해커의 유형을 좀 더 구체적으로 '① 정보 보호에 관심이 있는 컴퓨터 개발자, ② 정부 기관 주도의 사이버 보안 전문가 양성 프로그램을 수료 한 자, ③ 해커 커뮤니티나 독학으로 타인의 시스템을 침입하여 정보를 탈취할 능력을 소지했지만 이를 악용하지 않는 자, ④ 사이버 전쟁 발발 시 타국의 사이버 위협에 대응하고자 자국을 대표하여 타국을 공격 가능한 자'로 구분하는 견해도 있다. 하지만 화이트 해커가 일반적인 보안 전문가와 구분되는 점은 보안 전문가는 정보 보안의 방어에 중점을 두고 있는 반면에 화이트 해커는 방어뿐 아니라 블랙 해커에 맞서 공격도 할 수 있다는 점이다. 화이트 해커가 되기 위해서는 ① 인터넷 인프라를 구성하는 네트워크, ② 데이터 및 콘텐츠 저장소인 서버, ③ 프로그래밍에 대한 지식 등이 필요하다. 하지만 블랙 해커들이 AI를 활용해서 정보통신망을 공격할 수 있는 것처럼 화이트 해커도 AI를 활용할 수 있다. 따라서 화이트 해커가 되고 싶다는 목적이 있는 정보기술 전문가라면 AI를 통해 지식적 ·

기술적인 제약은 충분히 극복할 수 있다.

화이트 해커 양성의 필요성

국가의 구성 요건은 주권, 영토, 영공이다. 미국은 이미 예전부터 여기에 우주와 사이버 공간을 추가하였다. 그리고 미국은 자국의 사이버 공간을 침범하는 국가에 대해 물리적 공격까지 하겠다고 선언하였다. 이처럼 사이버 공간은 국가에도 매우 중요한 요소가 되었다. 한국은 이 시간에도 수많은 블랙 해커의 공격을 받고 있다. 물론 그런 공격들에 대해서는 방화벽(Firewall)이나 침입 방지 시스템(Intrusion Prevention System), 가상 사설망(Virtual Private Network) 등 기술적 수단을 통해 잘 방어하고 있지만, 보안 전문가가 없이는 제대로 방어하기가 쉽지 않다. 특히 화이트 해커는 국방을 지키는 군인처럼 사이버 공간을 지키는 중요한 전략 자산이라고 평가될 수 있다. 미국이나 중국, 일본 등은 사이버 전담 부대를 운용하며, 한국도 사이버 전쟁에 대응하여 사이버 부대를 창설하였다. 이스라엘은 '유닛 8200' 부대를 중심으로 사이버 해커 부대를 운용하고 있으며, 북한도 사이버 부대를 통해 지금도 세계 여러 곳을 해킹하고 있다.

또한 화이트 해커는 해킹 범죄에 대응하기 위해서도

양성되어야 한다. 현실 공간에서는 수사 기관이 범죄자보다 압도적인 인력과 능력이 있고, 법적으로 강제력도 사용할 수 있다. 그래서 범죄가 발생하면 수사를 통해 범인을 검거하고 사법 절차를 통해 처벌받도록 하는 것에 큰 장애가 없다. 하지만 사이버 공간에서 수사 기관은 오히려 해커들보다 약한 지위에 있다. 사이버 공간에서 해커들은 AI까지 활용해서 사이버 범죄를 저지를 수 있지만, 수사 기관은 법의 제한으로 인해 현실 공간만큼 강제력 있게 법을 집행할 수 없다. 현행 법률은 아날로그 시대에 맞추어 만들어졌기 때문에 아직은 사이버 공간에 적합한 수단들을 충분히 마련하지 못하였다. 예를 들어, 해커들은 어떤 정보통신망에 자유롭게 침입하여 범죄를 저지를 수 있지만, 우리 수사 기관은 해커의 컴퓨터를 해킹하여 증거를 수집할 수 없다. 우리 법에서는 독일의 '온라인 수색(Online-Durchsuchung)'과 같은 해킹 수사 방법을 허용하고 있지 않기 때문이다. 또한 그런 수사 방법이 허용되더라도 그 제도를 운용할 수 있는 인적 자원이 필요하다. 그러므로 해킹 수사 방법의 제도적인 도입과 함께 해커들의 사이버 범죄에 대응하기 위해서는 그에 상응하는 수준의 화이트 해커를 함께 양성해야 한다. 다만, 블랙 해커와 화이트 해커는 종이 한 장 차이이므로 어렵게 양성한 화이트 해커들이 블랙 해커로 흑화하지 않을 수 있도록 대비책도 마련해야 한다.

참고문헌

문광석(2021). 『키워드로 정리하는 정보보안 119』. 제이펍.
이원상(2022). 메타버스에서의 형법의 역할. ≪법학논총≫, 제42권 제3호.
윤광석·이건(2017), 우리나라 정보보안제도의 문제점과 개선방안: 공공부문을 중심으로. ≪한국공공관리학보≫, 제31권 제4호.
최진응(2021). 사이버위협 대응체계 현황과 개선과제. ≪이슈와 논점≫, 제1882호, 국회입법조사처.
홍준호·유현우, 화이트 해커 양성 및 활성화 방안에 대한 연구. ≪법학연구≫, 제17권 제4호.
히로시 유키(2018). 『알기 쉬운 정보보호개론(3판)』. 인피니티북스.

09
AI의 물질화와 해킹

AI가 존재하는 곳은 본래 사이버 공간이었다. 그러므로 AI의 영향력은 사이버 공간에서만 미칠 수 있었다. 하지만 이제 AI는 로봇, 자율주행 자동차, 드론 등 물질적 기술과 결합하여 물질화되고 있다. 따라서 이제 AI는 현실 공간에 직접 영향을 미칠 수 있게 되었다. 물질화된 AI에 대한 해킹이 가능해지면서 현실 공간은 새로운 위험에 처하게 되었다.

세상으로 나오는 AI

이제까지 AI는 하나의 소프트웨어에 불과했다. 초기 AI는 제한된 컴퓨터 시스템 내에서만 존재하고 인간이 입력하는 정형화된 데이터만을 탐색할 수 있었다. 하지만 사이버 공간이 확장되면서 AI는 인터넷과 연결된 세계의 모든 컴퓨터에 존재할 수 있게 되었다. 인간은 AI를 현실 세계로 끌어내기 시작했다. 우선 AI의 존재 공간인 사이버 공간을 메타버스(Metaverse)로 확장하여 AI 존재 공간 자체를 세상과 융합했다. AI에 마이크, 카메라 등 각종 센서를 연결하여 세상 정보를 수집할 수 있도록 하였다. 그리고 자율주행 자동차, 로봇, 드론 등 각종 기계에 AI를 적용하여 독자적인 육체도 선물하였다. 혹자는 영화 〈터미네이터〉(1984)처럼 육체를 얻은 AI가 인류를 궁극적인 파멸로 이끌 수 있다고 우려한다. 특이점(Singularity)을 넘어선 AI가 각종 기기를 조작하여 인간을 공격하고, 지배할 수 있기 때문이다. 요즘 개발되는 각종 무기에도 AI가 사용되고, 실제로 시뮬레이션 훈련에서 AI 무인 항공기가 인간의 지시에 반항하여 인간을 공격하려 했다는 사례를 보면 그런 디스토피아적인 미래를 걱정하지 않을 수 없다. 그래서 물질화된 AI의 동작을 멈출 수 있도록 물리적인 '킬 스위치'를 설치해야 한다는 주장도 제기되는 것이다. 어쨌든, AI는 신이 인간의 육체를 입고 세상에 왔던 것처럼, 각종 물체의 옷을 입고 물질화되고 있다. 우리가 바로 당면한 문제는 특이점을 넘어선 AI가 인간을 공격하는 것보다 물질화된 AI를 해킹한 해커들이 그것을 범죄 대상이나 수단으로 활용하는 것이다.

AI 존재 장소의 융합화

AI가 존재하는 사이버 공간이 메타버스라는 개념으로 세상과 융합하면서 AI도 세상으로 나올 수 있게 되었다. 메타버스 개념은 1992년에 미국의 소설가 닐 스티븐슨(Neal Stephenson)이 『스노 크래시(Snow Crash)』라는 SF소설에서 처음으로 사용하였다. 미국 기술 연구단체인 '미래가속화연구재단(Acceleration Studies Foundation)'은 2007년 '메타버스 로드맵(Metaverse Roadmap)'에서 더욱 구체적인 메타버스 개념을 제시하였다. 그에 따르면 메타버스의 가로축은 현실 세계 중심적(External)인 경우와 가상 세계(Intimate) 중심적인 경우로 구분하고, 세로축으로는 현실을 증강하는(Augmentation) 경우와 현실을 모사하는(Simulation) 경우로 구분한다. 그 결과 메타버스는 증강 현실 세계(Augmented Reality), 거울 세계(Mirror Worlds), 생활 기록 세계(Lifelogging), 가상 세계(Virtual Worlds)로 이루어진다. 첫째로, 증강 현실 세계는 현실 세계에 디지털 정보를 추가해서 실현하는 세계로서 대표적으로 'HUD(Head Up Display)'가 있다. 둘째로, 거울 세계는 현실 세계를 사이버 공간에 그대로 매핑(Mapping)하여 실현한 세계로서 '구글 어스(Google Earth)'가 대표적이다. 셋째로, 생활 기록 세계는 현실 세계의 아날로그 데이터를 사이버 공간에 디지털 데이터로 변환하여 기록하는 것으로서 대표적으로 애플 워치나 나이키 갤럭시 링, 소셜네트워크서비스(SNS) 등이 있다. 넷째로, 가상 세계(Virtual Worlds)는 현실 세계에서는 상상의 영역에 속하는 세계를 사이버 공간에서 디지털로 구현한 것으로서 다다월즈(Dadaworlds)나 세컨드 라이프(Second Life) 등이 대표적이다.

해당 영역들은 기술 발전으로 점차 결합하고 있다. 인터페이스 기술(Interface)과 네트워크 기술(Networks), 신원 기술(Identity)과 상호 작용 기술(Interaction), 디지털 환경 모델(Models)과 몰입감 강화 기술(Immersion), 센서 기술(Sensors)과 유비쿼터스 컴퓨팅 기술(Everyware) 등이 발달하면서 영역들의 융합은 가속화한다. 결국 메타버스의 발전 단계에 따라 해당 영역의 구분은 흐

려지며, 최종 발달 단계에서는 모든 영역이 하나로 융합하게 된다.

자율주행 자동차와 해킹

자율주행 자동차는 운전자나 승객이 조향 장치를 조작하지 않고 자동차 스스로 운행할 수 있는 자동차를 의미한다. 자동차를 운전하려면 인간이 감각 기관을 통해 상황을 인지하고, 두뇌로 판단하여 신체 동작을 통해 자동차를 제어해야 한다. 그런데 자율주행 자동차는 각종 센서로 인지를 대신하고, 인공지능이 두뇌를 대체하며, 각종 부품에 대한 제어기를 통해 인간의 신체 동작과 동일한 효과를 낸다. 자율주행 자동차는 6단계로 구분된다. 그중 3단계는 조건부 자율주행(Conditional Automation)으로 특정 구간에서는 인간이 운전을 하지 않아도 자율주행 자동차가 스스로 운전한다. 4단계는 고도 자율주행(High Automation) 단계로 자율주행 구간 내에서는 자율주행 자동차가 스스로 운행할 수 있는 단계다. 이 단계까지도 일부 인간 운전자의 개입이 필요하다. 하지만 마지막 5단계는 완전 자율주행(Full Automation)으로 전 구간에서 인간 운전자의 개입이 필요 없고, 지하철과 같이 관제센터의 통제에 따라 자율주행 자동차가 자동으로 운행한다.

자율주행 자동차는 기술 특성상 AI가 항시 인터넷에 연결되어 있어야 한다. 그것은 해커들이 언제든지 침투할 수 있다는 것을 의미한다. 예를 들어, 귀빈(VIP)이 자율주행 자동차를 타고 있다면 해커들이 그 자동차를 해킹하여 사고를 유발할 수 있다. 해킹 방법은 다양하다. 자율주행 자동차의 인지기능을 하는 센서인 위치확인시스템(GPS), 정밀지도, 라이더, 레이더, 카메라, V2X(유·무선망을 통해 다른 차량 및 사물들과 정보를 교환하는 것) 등을 해킹하여 제대로 동작하지 못하도록 할 수 있다. 차량 제어 역할을 하는 차량의 주행 및 움직임과 연결된 구동계나 제어 장치를 조작해서 주행 중인 자동차를 갑자기 멈추게 할 수도 있다. 또한 판단 역할을 하는 AI 시스템에 오류를 일으켜 제대로 된 판단을 하지 못하게 하여 사고를 유발할 수도 있다. 이처럼 물리적으로는 VIP에 접근조차 불가능할 수 있지만 사이버 공간에 연결되어 있는 자율주행 자동차를 해킹하여 해커들은 원하는 목적을 달성할 수 있다. 물론 앞서 살펴본 것처럼 자율주행 자동차 업체들도 해킹에 대한 보안을 위해 끊임없이 노력할 것이지만, 해킹의 위험은 늘 존재한다.

로봇과 해킹

1920년 체코 작가 카렐 차페크(Karel Capek)는 〈로섬의 보편적 로봇(Rossum's Universal Robots)〉(1920)라는 희곡을 썼는데, 로봇이라는 인공적 존재가 창조되어 인간과 같은 임무를 수행하는 미래를 담고 있는 내용이다. 여기서 작가는 인간과 대비되는 인공적 존재를 묘사하기 위해 로봇이라는 단어를 사용하였다. 로봇이라는 용어는 체코의 '로보타(robota)'에서 유래되었는데, 노동 또는 일을 의미한다. 이렇게 문학적으로 탄생한 로봇이라는 개념은 점차 실제로 구현되기 시작했다. 특히 산업 영역에서 로봇은 다양한 분야에 사용되기 시작했다. 1997년에는 일본의 혼다가 최초 인간형 보행 로봇인 피투(P2)를 발표하였고, 1999년에는 일본 소니가 최초 애완 로봇 아이보(AIBO)를 출시하였다. 2003년에는 나사(NASA)가 화성 탐사를 위해 이동 로봇인 '스피릿(Spirit)'을 만들었고, 2006년에는 미국 보스턴 다이내믹스 사가 견마 로봇인 빅 도그(Big Dog)를 개발하였다. 여기에 AI 기술이 접목되면서 지능형 로봇이 만들어지기 시작했고, 이제는 인간을 닮은 휴머노이드 로봇이 본격적으로 양산되는 단계까지 오게 되었다. 더욱이 최근 로봇은 군사용으로도 많이 활용되기 시작했다.

국제로봇협회(International Federation of Robot)는 로봇을 제조업용 로봇(Inderstrial Robot)과 서비스용 로봇(Service Robot)으로 분류한다. 제조업용 로봇은 '제조 현장에서 제품 생산에서 출하까지 공정 내 작업을 수행하기 위한 로봇'으로 물건 적재 · 용접 · 조립 · 분해 · 가공 등 제조 공정에서 사용된다. 서비스용 로봇은 개인 서비스용 로봇과 전문 서비스용 로봇으로 구분된다. 개인 서비스용 로봇은 '인간의 생활 범주에서 제반 서비스를 제공하는 인간 공생형 대인 지원 로봇'으로 가사, 생활 지원, 여가 지원, 교육 등에서 활용된다. 전문 서비스용 로봇은 '불특정 다수를 위한 서비스 제공 및 전문화된 작업을 수행하는 로봇'으로 의료 복지, 사회 인프라, 농 · 축 · 수산 · 광업 분야, 건설, 군사, 우주, 원자력 등 특수 분야에서 사용된다. 이런 로봇을 구동하기 위해서는 로봇 운영 체제가 필요하다. 이전에는 서로 다른 로봇 운영 체제가 있었지만, 이제는 주로 오픈 로보틱스 조직에서 개발한 오픈 소스 소프트웨어가 사용되고 있다. 마이크로소프트 '윈도' 사례에서도 경험했지만, 운영 체제가 독과점 형태로 제공되면 이점이 많은 만큼 해킹 위협도 함께 높아진다. 해커가 하나의 운영 체제를 해킹하는 방법을 알게 되면 그 운영 체제를 사용하는 모든 기기를 해킹할 수 있기 때문이다. 따라서 해커가 다수의 로봇을 해킹하게 되면 막대한 물리적 손해를 입힐 수 있다.

스마트 시티와 해킹

AI가 물질화되어 도시 모든 곳에 존재하는 '유비쿼터스(Ubiquitous)' 사회가 궁극적으로 구현된 것이 '스마트시티(Smart City)'다. 모든 사물에 사물인터넷(IoT) 기술이 적용되고, 각종 센서와 카메라, 모바일 장치 등이 유기적으로 연결되어 스마트 시티는 거대한 생물처럼 움직인다. 교통 혼잡을 줄여 주는 스마트 교통, 탄소 배출을 줄여 주는 스마트 에너지, 폐기물을 재활용하는 스마트 폐기물 관리, 물 절약과 관리를 효율적으로 해 주는 스마트 물 관리, 공공 안전과 긴급 상황에 대응하는 스마트 공공 안전 등 스마트시티는 삶의 비효율성을 줄여 주고 이익을 극대화할 수 있다.

세계 여러 나라들은 스마트 시티 구상을 실현하기 위해 다양한 프로젝트를 진행하고 있다. 중국은 선전과 항저우와 같은 도시를 스마트 시티로 변화시키고 있다. 일본의 도요타는 후지산 밑자락에 175에이커에 우븐 시티(Woven City)를 건설하려고 하고 있다. 미국 제트닷컴 창립자인 마크 로어(Marc Lore)는 텔로사(Telosa) 프로젝트를 통해 2050까지 미국 남서부에 5만 명이 거주할 수 있는 유토피아 건설을 계획하고 있다. 한국도 2020 케이시티 네트워크(K-City Network) 글로벌 협력프로그램을 통해 스마트 시티 관련 솔루션을 만들고 테스트할 수 있는 플랫폼을 개발하고 있다. 머지않아 세계 여러 곳에서 스마트 시티가 구현된 것을 볼 수 있을 것이다.

그런데 스마트 시티는 해커들의 거대한 먹이 저장 창고 역할을 할 수 있다. 해커들이 아무리 뛰어나다고 하더라도 물리적으로 떨어진 공간에서 네트워크에 연결되어 있지 않은 물건은 해킹할 수 없다. 하지만 모든 사물이 사이버 공간과 연결되는 스마트 시티는 언제든지 해커의 공격 대상이 될 수 있다. 앞서 언급했던 자율주행 자동차나 로봇 해킹 피해는 개별 또는 일부에 국한될 수 있지만, 스마트 시티 해킹은 마치 태풍이나 지진과 같은 거대한 재앙에 버금갈 것이다. 일례로, 2024년 7월에 크라우드스트라이크사의 백신과 마이크로소프트 시스템이 충돌하면서 발생한 오류로 인해 '사이버 정전' 사고가 발생하였다. 해킹에 의한 사고는 아니었지만, 그 사고로 인해 전 세계 시민들은 엄청난 불편을 겪었으며, 재정적으로도 엄청난 피해가 발생했다. 만일 해킹을 통해 스마트시티가 마비된다면 그 피해는 상상할 수 없을 것이다.

참고문헌

경찰대학 치안연구소(2021). 『치안전망 2022』.

메타버스 로드맵, https://www.metaverseroadmap.org

안병태·정화영(2023). 『4차 산업혁명과 미래사회』, 길벗캠퍼스.

이소현 외(2019). 사이버범죄 유형별 특징 분석 연구. ≪Information Systems Review≫, 제21권 제3호.

이원상(2008). '사이버' 개념을 통한 사이버 모욕죄의 고찰과 대안. ≪형사정책≫, 제20권 제2호.

이원상 (2022). 메타버스에서의 형법의 역할. ≪법학논총≫, 제42권 제3호.

이원상·채희정(2010). 『사이버범죄의 새로운 유형과 형사정책적 대안연구』. 한국형사정책연구원.

조기영(2020). 사이버범죄의 현황과 대책.≪동북아법연구≫, 제13권 제3호.

홍석재(2024.7.19). 공항부터 슈퍼마켓까지…MS 오류에 '사이버 정전'. ≪한겨레≫, https://www.hani.co.kr/arti/international/international_general/1149896.html

10
AI와 해킹의 미래

AI의 발전과 해킹은 한배를 타게 되었다. AI가 발전할수록 해킹도 함께 발전할 것이다. 위험 사회 속에서 AI와 함께하는 해킹은 위험 사회를 더욱 위험하게 만들 것이다. 앞으로 해커의 통제를 넘어 해킹을 저지르는 AI도 나오게 될 것이다. 그래서 형법은 AI 자체를 인간처럼 범죄자로 처벌해야 하는 세상에 오게 될 수도 있을 것이다. 믿거나, 말거나.

위험 사회 속 AI와 해킹

현대 사회를 특징짓는 대표적인 표현 가운데 '위험 사회(Risk Society)'라는 말이 있다. 1986년 독일의 사회학자 울리히 베크(Ulrich Beck)가 저서 『위험사회』(2014)에서 사용한 개념이다. 현대 사회의 정치 · 경제 · 사회 · 기술 등의 발전이 새로운 위험을 창출하였고, 그 위험은 전 지구화 및 보편화되었다. 특히 과학 기술의 발전은 인간에게 자연재해에 버금가는 새로운 위험을 초래하였다. 그래서 전통적인 위험과 비교해서 현대 사회의 위험은 "후기 산업 사회에 인간이 집단적 결정에 근거하여 예상된 것이지만, 한편 인간의 생존 자체를 위협할 수 있을 뿐만 아니라 개인적으로서는 무방비 상태에서 피할 수조차 없는 것으로 나타나는 일정한 산업적인 대량 위험(industrielle Großgefahren)"이라고 이해된다. 대표적인 위험원으로 원자력 발전, 환경 오염, 생명 공학, 사이버 공간의 확대 등이 언급된다.

현대 사회의 위험은 다음과 같은 특징을 갖고 있다. 첫째로, 위험 발생 예측이 어렵고, 확률적으로 판단하더라도 언제, 어디서, 어떻게 발생할지 파악하기가 쉽지 않다. 둘째로, 일단 위험이 발생하면 인간 능력으로 통제하기가 어렵고, 통제할 수 있더라도 그 시점에 이미 치명적 위험이 실현되어 구조나 회복이 쉽지 않다. 셋째로, 발생한 피해가 대량이고, 그 결과는 치명적이며, 피해자 규모는 지역 전체 또는 전국적으로 나타난다. 넷째로, 위험 발생 책임 소재나 원인 관계 규명이 불명확하다. 다섯째로, 위험원 주체가 개인에 한정하지 않고, 오히려 단체나 집단이 더 많다. 그리고 여섯째로, 위험 발생과 그 결과 발생이 시간적으로 장시간에 걸쳐 나타나며, 그 인과 관계도 매우 복잡하다. 이런 현대 위험이 언제나 존재하기 때문에 사람들의 위협 감정은 매우 민감해질 수밖에 없고, 결국 사람들은 가장 강력한 법적 수단인 형법을 동원해서라도 상존하는 위험을 감소하라는 요구를 하게 된다. 그 결과 강력한 통제 수단인 형법의 수요는 계속해서 증가하고 있으며, 형법은 더 이상 최후 수단이 아니라 최우선 수단이 되어 가며 위험 사회에 대응하는 '위험 형법'이라는 개념이 등장하게 되었다. 위험 형법이란 죄형법정주의, 행위 형법 원칙, 책임 원칙, 비례성 원칙 등 전통적으로 형법을 제한하던 원칙들을 수정하여 형법이 예방적 · 우선적 · 추상적 · 상징적 수단 등으로 적극적으로 활용하는 것이다. 하지만 앞선 위험에는 AI가 충분히 고려되지 않았다. AI는 현대 사회의 위험을 더욱 가속한다. 지금은 AI가 인간을 보조하거나 인간의 통제 아래 있다. 그러나 이미 AI 드론 가상훈련에서 AI가 자신이 원하는 것과 다른 명령을 내린 인간 조종사가 위치한 통신탑을 파괴하려고 시도한 사례를 통해 AI가 인간의 통제를 벗어날 우려가 현실화하기도 하였다. 이에 더하여 앞으로 악의적인 해커가 AI를 조종하여 전 세계를 공격하도록 할 수도 있다. AI와 해킹은 이미 현대 사회의 치명적인 위험원이 되었다.

범용 AI의 발전

이제까지의 AI 기술은 주로 특정한 분야에서 인간을 뛰어넘는 성능을 발휘하는 데 집중하였다면, 앞으로의 AI는 모든 방면에서 인간처럼 또는 인간보다 뛰어나게 행동할 수 있는 범용 AI로 발전해 나갈 것이다. 구글 딥마인드 팀은 AI 단계를 0단계에서 5단계로 분류하였다. AI 역사에서 보았듯이 바둑, 체스, 포커, 제퍼디(Jeopardy!) 등 특수한 분야의 AI는 이미 해당 분야에서 5단계에 이르러 인간을 넘어 인간을 대체할 수준에 도달했다. 그러나 범용 AI는 1단계로서 아직 '숙련되지 않은 인간과 동등하거나 조금 나은 수준'에 해당한다고 보았다. 하지만 AI 기술은 하루가 다르게 발전하고 있다. 수많은 AI 관련 기업들은 인간과 같은 수준의 일을 할 수 있는 범용 AI를 개발하기 위해 지금도 쉬지 않는다. 일부 전문가들은 범용 AI가 가져올 미래가 유토피아라고 주장하지만, 다른 전문가들은 암울한 디스토피아가 될 수 있다고 예측한다. 기술보다 한참 앞서가는 영화나 소설 등에서도 범용 AI가 가져올 미래에 대해 다양한 모습이 그려지고 있다. 〈터미네이터〉(1984), 〈매트릭스〉(1999), 〈공각기동대〉(2002), 〈블레이드 러너〉(1993), 〈아이, 로봇〉(2004) 등에서 그리는 범용 AI와 공존하는 미래는 암울하기도 하면서도 새로운 삶의 가치가 녹아 있다. 하지만 어떤 작품에서도 범용 AI와 함께하는 미래가 전쟁도, 갈등도, 무력 사용도, 범죄도 없는 유토피아로 묘사하고 있지는 않다. 앨런 튜링은 AI에 대해 작성한 소논문인 "계산 기계와 지능(Computing Machinery and Intelligence)"(1950)의 마지막에 "멀리 내다보지는 못하지만, 할 일이 많다는 점을 알 수 있다"라는 문장을 남겼다. 결국 범용 AI와 함께하는 미래를 결정하는 것은 AI가 아니라 인간이다.

범죄 주체로서 AI

AI가 발전하면서 민법과 상법, 저작권법 등 분야에서는 AI의 법인격을 인정해야 한다는 주장이 나오고 있다. 유발 하라리(Yuval Harari)도 저서 『넥서스(Nexux)』에서

AI를 도구가 아닌 행위자로 보았다. 형사법 분야에서도 기계인 AI를 인간인 해커와 함께 해킹 범죄 주체로 인정해야 하는지에 대한 논의가 시작됐다. 현행 형법 체계에서 범죄는 오로지 인간만 저지를 수 있다. 하지만 범용 AI가 발전하여 인간과 같은 수준 또는 인간의 수준을 넘어 해킹하였을 때, 지금 법체계에서는 그 인공지능을 인간처럼 해킹 범죄로 처벌할 수 없다. 그래서 형사법 분야에서도 AI의 범죄 주체성에 대한 논의가 조금씩 시작되고 있다.

일반적으로 해킹 툴(Tool)은 해킹 도구에 불과하므로 전적으로 해커가 범죄 주체가 된다. 그러나 AI는 해커의 도구이면서 동시에 해커와 협력하여 해킹 범죄를 저지르게 된다. 해킹 범죄 학습을 계속하는 AI는 해킹 범죄의 위험을 높일 뿐 아니라 범죄의 주체로 진화해 가게 된다. 그래서 해커뿐 아니라 AI 자체를 처벌해야 할 필요성이 생긴다. 그런데 현행 형법상 범죄 주체는 "자기성찰의 의지와 자율적 행위 능력을 갖고 있는 자연인"이며, 형법의 논의는 자연인인 인간의 범죄 행위와 책임 귀속을 전제로 한다. 다만, 일부 법률에서는 양벌규정으로 인간 외에 법인을 처벌한다. 법인의 사례를 볼 때, 형법학자 다수 견해와 판례는 법인의 범죄 능력을 인정하지 않는다. 법인 자체가 사적 거래를 위한 수단이고, 범죄를 저지르는 것은 법인에 속해 있는 자연인이며, 형사 책임은 벌금만 부과할 수 있는 데 반해, 민사벌(손해배상 등)이나 행정벌(법인 해산 등)은 벌금형 이상의 제재를 가할 수 있기 때문이다. 하지만 일부 법률에서 형사 정책적인 목적으로 양벌규정을 통해 법인을 처벌하는 것처럼, AI에 대해서도 형사 정책적 목적으로 형벌을 부과할 수도 있을 것이다. 예를 들어, AI 소프트웨어인 스테이블 디퓨전(Stable Diffusion)은 프로그램을 내려받아 사용자의 컴퓨터에서 학습시켜 자신에게 최적화된 그림을 그리도록 해 준다. 누구나 오픈 소스 AI를 활용하여 자신에게 맞는 AI로 활용하는 것이 가능해졌다. 따라서 해커가 해킹 범죄를 위해 자신의 해킹 기법에 특화된 범죄형 AI를 만드는 것도 가능하다. AI가 범죄에 특화되어 사용되는 것에 대해 형법에서 범죄임과 그에 따른 형벌을 선고하는 것은 매우 의미가 있다.

AI 형사 처벌의 필요성

첫째로, 그 AI에 내재한 범죄에 대해 사용자와 별도로 형법적인 가치 판단을 하는 것은 사회적으로 중요한 형사 책임의 상징성을 부여할 수 있다. 범죄를 저지른 AI에 대해 AI가 독자적으로 정립한 자신만의 규범과 인간이 구축한 규범이 충돌하는 상황에서 인간 규범의 우월성을 선언하는 것이 될 수 있다. 또한 AI가 사회적으로 기능하는 중요성을 고려해 볼 때, 형법의 보장적 기능을 AI에까지 적용하는 의미가 되고, 그 결과 AI를 법적인 주체로 승인하여 오히려 절차적인 보장을 강화해 줄 수도 있다. 둘째로, AI에 대한 범죄 선언은 데이터로 쌓이게 될 것이고, 다른 AI가 그것을 학습하게 될 것이다. 불법 해킹이 범죄라는 것을 학습하는 AI에는 인간의 규범력 형성과 유사하게 AI의 해킹 행위에 대한 수행 기준을 형성하게 될 것이다. 그 결과 AI가 데이터에 의해 형성하는 AI의 자체 규범보다는 인간의 규범이 더 우월하고, 존중받아야 한다는 것을 AI가 지속해서 학습하게 될 것이다. 셋째로, 형법에 따라 범죄로 선언된 AI에 대해 사람들은 그 AI를 사용할 수 없게 된다. 즉, 유죄 판단을 받은 AI는 '금제품'과 같은 지위를 갖게 된다. 본래 AI 자체는 '듀얼 유스(Dual Use)'에 따라 선하게 사용될 수도, 악하게 사용될 수도 있다. 그러나 형법에 따라 형사책임을 부과받은 AI는 활용할 수 없는 지위에 서게 된다. 만일 어떤 사람이 그 AI를 활용하려고 한다면, 추가적인 처벌 구성 요건이 있어야 하겠지만, 그 사람에게는 형벌이 부과될 수 있을 것이다. 따라서 AI를 활용한 해킹 범죄를 전 단계에서 처벌할 수 있는 근거가 마련될 수 있다.

하지만 AI에 형사 책임을 묻기 위해서는 그에 합당한 형 종류를 마련해야 한다. 만일 AI가 법인처럼 재산을 가질 수 있다면 현행 양벌 규정과 같이 벌금형을 부과할 수 있다. 하지만 AI에 대응하는 형 종류로 AI 기능 정지, AI 특정 부분 삭제, AI 전면 삭제 등과 같은 것을 마련할 필요가 있다. 이것이 실현되기 위해서는 AI가 강한 인공지능 또는 범용 AI의 높은 단계로 발전해야 한다. 현재 AI의 발전 상황을 고려해 보면 아직 AI는 인간의 유능한 도구적 성격이 강하다. 하지만 머지않아 인간의 능력과 동등해지거나 인간의 능력을 넘어설 것으로 예상된다. 그래서 AI 형사 처벌에 대한 논의는 지금 결론을 내리는 것이 아니라 이제부터 논의를 시작해야 한다.

참고문헌

김준성(2023). AI범죄에 대한 형사책임의 귀속문제. ≪중앙법학≫, 제25집 제3호. 중앙법학회.

박광민·이성대(2006). 위험사회의 등장에 따른 형법의 대응. ≪성균관법학≫, 제18권 제3호.

양천수(2017). 인공지능과 법체계의 변화 – 형사사법을 예로 하여. ≪법철학연구≫, 제20권 제2호. 한국법철학회.

주현경(2017). 인공지능과 형사법의 쟁점. ≪형사정책≫, 제29권 제2호. 한국형사정책학회

최호진(2023). 인공지능의 형법 주체성 인정을 위한 조건. ≪비교형사법연구≫, 제25권 제1호. 한국비교형사법학회.

스튜어트 러셀·피터 노빅(2021). 『인공지능 2. 현대적 접근방식(제4판)』. 제이펍.

유발 하라리(2024). 『넥서스』. 김영사.

이원상

조선대학교 법학과 교수. 고려대학교에서 형법 석사 학위(사이버 범죄)를 받았고, 독일 뷔르츠부르크대학교 법과대학에서 형법(사이버 범죄)를 전공하여 박사 학위를 취득했다. 국무총리실 산하 한국형사법무정책연구원에서 부연구위원(국제 사이버 범죄 팀장)을 역임했으며, 현재 형사법·디지털포렌식·4차 산업 혁명 등과 관련된 다수 학회의 상임이사, 법무부·검찰청·경찰청·전남도청·한국형사법무정책연구원 등 국가·지역 및 공공 기관의 자문위원이다. 주요 연구 분야는 형사법·형사소송법·형사정책 이론, 사이버 범죄, 인공지능법 등이며, 2016년 미래창조과학부(현 과학기술정보통신부) 장관 표창을 수상했다. 주요 저서로 『사이버범죄론』(2019)이 있으며, 주요 논문으로는 "인공지능을 활용한 해킹 범죄에 대한 소고"(2023), "디지털 증거 선별압수를 위한 인공지능 활용에 대한 고찰"(2022), "다크넷 수사를 위한 수사제도에 대한 소고"(2020), "해킹미수 처벌 논의에 대한 고찰"(2011) 등이 있다. 70편 이상의 논문을 KCI 등재 학술지에 게재했으며, 법무부·검찰청·경찰청·한국형사법무정책연구원 등 다수의 국가 기관 및 공공 기관의 연구 용역을 수행했다.